TU HIJO A HARVARD Y TÚ EN LA HAMACA

轻松
让你的孩子上哈佛

【西】费尔南多·阿尔贝卡 /著　梁倩如 /译

南方出版社

致玛丽基娅，感谢你的指引和善良
特此致以我的敬意

目 录

结论

成绩会说谎，因为它们并不总能确切地反映实情。

所有人都可以开始努力并改变自己的成绩。

但是努力学习的人只能开拓自己的思维，而会学习的人则能改变自己
的一生。

父母对孩子的鼓励和引导是最有效的。

做好这一点，他们便可以坐在摇椅上，骄傲地看着，

他们的孩子能够并最终独立学习，

且取得优异的成绩。

写给想要高效学习的孩子们

也许你认为自己并不是块学习的料，也不明白为什么对于别人来说取得好的成绩易如反掌，对于你却那么难。你还不够努力，这当然是原因之一。但是，问题的关键在于你首先要唤起自己学习的意愿，并确保你投入的时间可以让自己获得最好的成绩，这是技巧问题。有了技巧，你只需听从自己的意愿开始学习并顺其自然就可以了。

也许你有时甚至会想："我真想改变，真想取得一次优异的成绩，要是我能在一门或者许多门功课上取得优异的成绩就好了。"

很多人都想改变，但是他们并不知道自己应该做什么，应该从哪里开始。很多人也想取得好成绩，但是他们并未采取行动，也没有做出哪怕任何一点的改变。

我们可以改变。如果你能下决心开始并有一个良好的开端，做出改变会比看起来容易得多。

为了使你改变，为了让你取得更好的成绩，我写了这本书。我相信无论你现在处于什么样的状态，你都有足够的聪明才智使你能够达到我写作此书的目的。

如果你想要开始改变，这本书就会告诉你如何改变能更加高效，并最终使你取得成功。它将成为你做出改变的燃料，它会给你力量，并带给你优异的成绩，继而使你获得荣誉、平静、学识和自由，并把它们最终内化为你的好习惯。

写给父母

也许你会觉得你的孩子学习很吃力，可能事实确实如此。你的孩子可能从来就没有或是在很久之前就已经失去了好的学习习惯，你们的关系可能过多地围绕在孩子的困境和成绩上。如果你的孩子能够开始更努力地学习，少分心，上课认真听讲，如果他能更顺从你，更听你的话，你相信他应该可以取得好成绩。但是他并没有像你想的那样做，于是你不知道最终他的学业会如何，他的将来、他的生活会如何；也不知道他将如何实现个人价值；更不知道他的幸福和你们的幸福会在哪里。

不如做这样的设想，你的孩子可以从现在开始改变。他知道自己应该做些什么，也知道如何迈出第一步，这小小的、可行的、简单的一步可以使他到达他自己都不曾想象过的地方。

但是要知道，学习不仅仅是听话或意愿的问题，它在更大程度上与经验和成就感相关。如果一个人不懂如何学习，他就不想学习；如果一个人认为自己不适合学习，他也不会学习；如果一个人尝试努力学习而未获得成效，他再次尝试时就会更加吃力。

不论你的孩子多大年龄，如果你为他缺乏学习的意愿而发愁，为他虚度时光的幼稚行为而担忧，为他的不知所为而焦虑，如果你不忍看他努力学习直到深夜，而仍未能获得应得的回报，那么，这本书也是为你而写的，我诚挚地希冀它能够给你带来帮助。因为我确信，对你的孩子而言，对你们而言，一切都可以变得更好。

你可以从改变你的焦虑做起。教你的孩子按照本书中的引导去学习，而不仅仅是刻苦努力，完成应交的作业，以期通过一门考试。在这本书中你会发现你的孩子有待提升的方面，你可以以此为借鉴来引导对他的教育。之后，就可任由孩子自主学习，为他自己的成就感和荣誉感而奋斗。

与此同时，你只需在手边找一把舒服的摇椅，躺在上面，骄傲地看着他独立克服困难，去任何他想去的地方学习任何他想学习的知识，如果他愿意的话——

为什么不呢？有谁能阻止他吗？

——他甚至可以去哈佛或者世界上任何一所大学。当然，他也可以选

择幸福、快乐地去做任何他想做的事。

写这本书的诸多理由

"费尔南多，我们要绝望了。我们不知道该如何激励我们的孩子，也不知道如何能让她努力学习并有所收获。我们整天都在管着她，和她之间的距离却越发远了。"一位母亲在她丈夫的陪伴下如是对我说。他们是布兰卡的父母。布兰卡曾是一名中学四年级的学生，而如今，她是兽医专业的一名一年级学生，她有两门课程的成绩是优秀。

可以说，我之所以写这本书，是受所有面临相同处境的家庭的启发，也是受我认识的一些学生的启发。这些学生中的有些人起初对自己的成绩不满意，但仅仅几个月之后，他们就取得了之前想都不敢想的好成绩；还有一些学生，他们的综合成绩虽然可以达到优秀，但是一旦他们学会如何激励自己，如何更好地学习，就会发现他们之前在学习上花费了太多不必要的时间和精力。

然而，我写这本书更是因为我与这些学生的家长产生了某种共鸣。他们几乎是在与自己的孩子一同学习。他们需要自己的孩子，需要了解他们的焦虑、压力和坚持，以获得比好成绩更重要的一些东西。事实上，成绩远不是他们最关注的。

此外，我写这本书也是因为认识了教务主任奥斯卡、政治家哈维尔、我的同事弗朗西斯科，以及一个 12 岁的男孩，哈伊梅。

奥斯卡是一家教育机构的教务主任，他在给我的信中写道："你真的认为一个没有好的学习习惯的学生也可以提高自己的成绩吗？如果这是真的，那我可就喜出望外了，因为我的学生们需要得到好成绩。"如同我们大部分的教育体系一样，这个问题符合逻辑，可是论点不对。我和他说，一个人所缺失的任何习惯都可以习得。没有人需要再培养已经习得的习惯，也没有人生来就带有某种习惯。

我们为3名想要通过考试的学生制订了一个学习计划，但是他们并未通过当次考试。奥斯卡抱有幻想又很现实，他试着更加专业地向我提问："明年我们会让他们学得更透彻吗？"但是仅仅两个月过后，在同一学期接下来的一次测验中，这3名学生就通过了所有科目的考试，其中两人的综合成绩为良好，一人的综合成绩为优秀。我们并没有等到下一学期就收到了成效。

我曾受邀参加一档探讨教育和学业失败问题的西班牙电视节目。一个政治家在谈到教育体系时当着数以百万计的电视观众说："我们不应该说教育失败，我不喜欢'失败'这个词，我们最好还是说成绩差。"

那时我想，原来我们可以通过禁用某些词汇来掩盖事实。学业失败所带来的远不只是不好的成绩，对于大部分学生来说，它带来的是更加严重的后果——做人的失败。这是许多人的亲身体验，学业失败给他们的自尊和生活带来了消极影响，也破坏了他们整个家庭的生活。拒绝承认问题，我们就永远无法找到出路。

弗朗西斯科是我的同事，他是我所任教的大学里的一名教员。几个月前他问我："你现在在写什么？"我跟他说我在写这本书，他回道："你可别写这方面的书。如果一个人现在不是好学生，那么他就不会成为好学生。因为如果他自己不想，他就永远成不了好学生。"

"可这正是我要写这本书的原因，"我反驳道，"我写这本书的目的就在于，让原本深以为自己不想成为好学生的人变得渴望成为好学生；让渴望成为好学生却不知该如何努力的人知道如何成为好学生，让他们在面对新学期时不会再害怕失败，让他们不必再为了不放弃而咬牙硬撑。""啊！如果是这样，你一定要完成这本书！"我亲爱的同事这么说道。

但说到底，我之所以写这本书，是受一个12岁男孩——哈伊梅的启发。

我是在一个5月认识他的，那时他和父母一起来我这里咨询有关学习方面的问题。他带来了一份所在学校出具的报告，上面写道："哈伊梅在

学习上有很大障碍，他反应很慢。尽管我们并不确知造成这一状况的原因，但是他在学习上明显落后于人，比同龄人更加笨拙、愚钝，做作业时反应也很慢。"

他的父母对我说："他接受语言矫正治疗已经有几年时间了，虽然情况有了很大好转，可依然无法通过考试。我们想知道，这孩子究竟是像我们所认为的那样聪明，还是像其他人所说的那样愚笨？"

可以说所有人类都很聪明，非常聪明，这一点确信无疑。只是哈伊梅的情况有些不同，他遇到了一些困难，这些困难很有可能是由一些我们在教育领域所忽视的问题造成的。我和哈伊梅单独相处了一会儿，他紧张而又专注。

我问他："哈伊梅，你聪明吗？"

"是的。"他非常干脆地回答了我，脖子挺得直直的，高昂着头。

我又问他："如果我有一根魔杖，可以帮助你实现任何愿望，你想许什么愿望呢？"

他想了一分多钟，然后对我说："我想向所有人展示我有多么聪明。我想和其他人友好相处。嗯，我最想的还是让我的爸爸妈妈幸福。"尽管他说话并不十分顺畅，但是语气坚定，将所有迟疑都抛置一边，他的回答展现了不凡的智慧。

一个人若没有非凡的智慧，是不可能在那么短的时间内，在毫无准备的情况下，概括出他对幸福的定义的。也或许他已经自问过许多次相同的问题了——如果是这样，那他的智慧就更加卓越了。因为能够提出如此重要问题的人一定和能够给出如此精彩答案的人一样充满智慧。

因此，我为哈伊梅写了这本书。

我写这本书，也是为了您。

我们若不能取得好成绩，那一定是某个环节出了问题。这些坏成绩对我们的不良影响会延伸到我们个人甚至整个家庭的人际关系上。但如果我们找出出现问题的环节并尽力改之，那么问题就会逐渐减少。这个过程会变成由激励和动力组成的坚实土壤，我们只要脚踏实地向前走，就能最终取得好的成绩，并改善人际关系。

　　总之，不想或不会学习并自以为如此的人们，只要找到正确的学习方法，你们其实都可以成为好学生。然后你们就会发现，成为好学生，这感觉真的挺好的。

第❶章

一些容易被忽略的真相: 关于成绩

"你真的认为我的孩子还有救吗？"

这个问题是劳拉问我的。

7 年来，她的孩子在每次测验中都至少有 4 门课不及格。

而在咨询我之后的那个学期，她的孩子在满分 10 分的测验中拿到了 7.8 分的综合成绩。

1. 好成绩只是一种手段

你还在为了孩子的成绩喋喋不休吗？

一些调查显示，父母和孩子间的主要矛盾和争论集中在孩子的学习和作业上。学习已经过多地占据了父母和孩子谈话的主题。它是父母和孩子说得最多的话题。

大部分的孩子由此得出结论，他们的父母最担忧也最感兴趣的就是他们的学习问题。

但是父母最看重的真的是孩子的成绩吗？答案当然是否定的。许多孩子常常误解了他们的父母，而这种误解是由父母太过执着于谈论孩子的学习造成的。事实上，除了学习他们实在也没什么其他话题可聊。

要想提升孩子的成绩，父母首先要做的就是，在孩子回家以后，少和他们谈学习，多谈论他们感兴趣的话题，尤其可以多聊聊那些他们更擅长或更具天赋的领域的话题。

成为自己想要成为的人

我们每个人都承载着多重角色。

这一显而易见的事实寓意丰富，如果我们想提升成绩，就要认真思考一下这句话。举个例子，你想取得哪方面的进步？是成为更好的学生、更好的员工、更好的朋友、更好的子女、更好的伴侣，还是成为各方面都无瑕的完人？

我们每个人都与众不同。

从这句话我们首先可以得出，我们都是人类。我们在根本上是一样的。就像不同种类的比萨，虽然口味不同，但说到底都是比萨。

我们的前人对人类的定义是"有智力和意志力的理性动物"。但是，人类学研究的进步和当代文化的发展，要求我们就"人类"给出更准确、更完善的定义。也许我们可以这样定义人类："拥有人类智能，有能力爱人并能感知爱，拥有自由，过而能改，能悦人悦己，能感知幸福、感染他人，并能带给他人更多幸福的生物。"

"人类智能"指的是我们都会思考，并根据大脑的指示采取行动。"有能力爱人并能感知爱"表示我们都有爱的能力。"拥有自由"是指我们都有选择的权利。

我们所有人都可以努力成为更好的人：更有智慧，付出更多的爱，更敏锐地感受爱，更自由。而取得好成绩则可以帮助我们变得更聪明，获得并付出更多的爱，并变得更加自由。

然而，生活是现实的，我们只怀有愿景是远远不够的，只有采取行动才能达到目标。

只要脚踏实地慢慢向目标靠拢，我们都可以成为自己想要成为的人。

每个人都与众不同

我们都是人类，但每个人的特质和行为方式都不一样。我们每个人都与众不同、独一无二。我们有不同的年龄、梦想、性别、气场、基因、学业、教育、出身、生活、经历、朋友、遗憾、本领、学识以及其他种种不同特质。这些特质聚集在一起，使我们每个人都变得独一无二。也正因为如此，没有人可以被分类。就算是让同一个人重新来过，他也无法重复完全一样的人生。就是这样，我们每个人的人生都充满未知和变数。

在人类历史上，所有人都是独一无二的。从个体角度来看，对于我们的至亲，我们尤为独特。但不只如此，就全人类而言，也需要每个不同个体的独特天赋、智慧和美德。

每个人都是独一无二的，并且不可替代，因为每个人都各司其职。正因为我们独一无二，所以我们不可以被分类。

但是世界和旁人总是试图将我们同化，将我们按照他们的喜好分组，将我们视作没有任何差别的个体，并按照他们的体系将我们分类。

为使自己不被分类，我们应展现出自己的个性。我们应该为此付出努力，我们大概也时常需要这么做。至少，我们不应自己给自己分类。

我们该怎么做呢？首先，要展现自己的非凡之处，如果有可能的话，要展示出自己的天赋如何使他人受益；其次，要获得他人的认同。与此同时，我们应注意，当我们努力展现个性时，也要保持教养并考虑到他人的感受。唯有这样，我们的个性才会越发有魅力，我们也才能更好地显露自己的与众不同并形成独特的气场。所有人身上都蕴藏着自己的气场，但是只有为之努力的人才能将其激活，并真正拥有它。

我们所处的文化、就读的学校，甚至是一些比较随性的家庭，都在试图将我们分类。他们只看重我们相同的地方，而忽视我们之间的差异。这样做，或许会利于宣传，利于政治，也或许仅仅是为了便于管理。但无论如何，我们都应认识到，每一个人，不管他与另一人多么相似，也不管他

与另一人多么心有灵犀，他都是与众不同的。我们每个人都拥有别人见所未见的独特色彩：不是白，不是黑，是属于我们自己的、独一无二的色彩。

没有任何统计可以确切地描绘出一个人的所有特性。统计学只是一种工具，在有些时候还能派上点用场，但统计数据不同于事实。在现实生活中不会存在"一般西班牙人"，也不会存在"一般美洲人"或是"一般日本人"。这种说法仅仅是一种数据汇总的产物，用以将众人分类。

我们了解这一点非常重要，因为不论是对自己的分类，比如一名学生，还是对其他事物的分类，比如一名教师、整个校务委员会、一个学期、一段课程，或是整个生命，这些分类是改变最大的敌人。

我们是与众不同的。如果你认为自己不同于其他人，就可以坚持自己的与众不同，并将其展现出来，会有人爱你原本的样子。你不必取悦所有人，不必考虑所有人的看法。只要你真诚、勇敢、诚实、无畏、坦率、真实，就不必在乎他人如何待你。若他们不愿与你交流，那只是因为他们不知该如何面对你、如何与你对话。你要对他人保持尊敬，但要不卑不亢，要坚持自己的信仰，尽管老师、专家、政治家和记者会因此而想要置你于死地。若你做了好事，你的个性就会吸引众人，而他们会平息任何带有诽谤和侮辱色彩的言论。任何针对你的与众不同的诬告，都会使你变得更加强大，也会增添你的人格魅力。

我们不必完全相同，我们可以与众不同。在学校里也是如此。

有些东西我们可能理解不了，但这并不意味着我们不聪明、不优秀。即使我们什么也不懂，我们也可以是聪明而优秀的。

在以尊敬他人和热情待人的前提下，我们在公共场合和私下里都可以展现自己的本真。

我们不必理会那将所有人都趋同的潮流，我们只需挑选自己喜欢并且真正适合自己的就可以了。

我们可以敏感而强大，可以兼具理性和感性，可以既是理论派也是实践派，可以乐于幻想并崇尚科学，可以遵从直觉又追随经验，可以文理兼备或另辟蹊径。总而言之，我们每个人都可以成为完整而丰富的个体，可以成为前无古人、后无来者的存在。

我们的工作方式可能不被他人所认同，但我们依然可以圆满完成任务。也许别人觉得我们无所事事、没精打采，但事实并非如此。也许我们看上去心不在焉，却依然可以出色完成工作。我们要坚持做自己，不论成败。

到底是成还是败，取决于我们决定做什么，以及最终做了什么。

兴趣比最非凡的智慧还难能可贵

为了轻松地接受教育、学习并取得好成绩，我们需要开发自己的智力，汇聚各种能力，多动脑思考，并与能够引导、教育我们的人们交流想法。

在物理和数学中要能发挥想象力，在美术和音乐中要能建立起有条理的顺序（可以在开始时就执行，也可以到最后才达成，视情况而定），在文学比喻中要能有意识地发掘逻辑关系并探索寓意。总之，要让各种能力结合起来，协同工作。

我们还要有兴趣，这比付出努力更加重要。因为有了求知欲我们自然会努力，努力却不一定会使求知欲增强。

兴趣比最非凡的智慧还难能可贵。

教学者和学习者的思想以及兴趣交流，也就是人际关系，对学习者的成绩有重要影响。尽管有义务教育，但没有人愿意被强迫着学习。学习的过程一定是与他人相关联的，一个人一定是因人而学、为人而学。

若学习者或教学者忽视了兴趣，就等于舍弃了获得学业或教学改进与成功的最大动力和燃料，也就损失了最终达到奋斗目标后所能获得的成就感与满足感。

说到底，学习的主角是学习者，而非教学者。教师只是将自己所知道的传授给学生，他是学生和真理、价值、知识间的使者。若没有学习者，

也就不会有教学者。

镜像神经元的发现可以帮助我们更好地理解一个已知事实——人类会学习在他人身上看到的东西。正因如此,在教育中,老师和学生间的关系至关重要。

0.2分带来的改变

我从父母、妻子、8个孩子、朋友、书本、成千上万个学生那里学习;在韦尔瓦、卡塞雷斯、萨拉戈萨、阿斯图里亚斯、科尔多瓦省[1]学习;在中学、预科班、大学里学习;从在火车、汽车上观察到的人那里学习;从给我写信的人那里学习……我学习的东西越来越多。我的所有知识都来源于这些学习,正因此,我更加努力地学习。我的长处就是善于观察并发现个中奥义,我的身心时刻准备着进入学习状态。当然,我每天也会因为自己的愚蠢或自以为是而错失一些学习的机会。

我最得意的门生之一曾给我上了非常重要的一课,这一课令我至今难忘。那时他还是个12岁的少年。

那是12月12日,距离向学校递交那一学年第一学期的成绩单只有几天时间了。他私下里找到我,并问道:"我的综合成绩是多少?"

"4.3分。"我答道。

"4.3分算是及格吗?"

"如果成绩达到4.5分或以上,根据规定可以给到5分,算作及格,但是4.3分显然是不够的。"我说。

"您一定无法想象这0.2分会怎样改变我的生活。"他说。

"那就请你说说看吧。"(正是因为说了这句话,我学到了宝贵的一课。)

"是这样的,自从爷爷去世后,我奶奶就孤苦伶仃一个人生活,她每

---

1 以上均为西班牙地名。——译者注

年圣诞节都会从阿尔瓦塞特[1]赶来和我们一起过节。我们再没有其他祖辈了。她每次一来，先会给我们每人一个几乎要让人窒息的吻，紧接着就会问一个亘古不变的问题——成绩怎么样？假如我跟她说'唉，奶奶，我有一门课只得了4.3分，没及格'，她肯定会说'怎么可能？！你可得更努力才行啊！要努力成为好学生！时间可不是用来荒废的！'。就这样，在好不容易熬过了4个多月的分别和几个小时的长途跋涉后，还没到家5分钟，她就会因为自己的孙子游手好闲而开始发愁。然而，如果我能这样回答她的问题'奶奶，放心吧，我所有科目都及格了'，那她一定会说'哎哟，我孙子可真棒！你们都那么优秀又勤奋！……'，然后她就会因为感到满足而十分愉快。"

"好吧，如果是这样的话，那我重新看一下你的成绩，再好好算算综合成绩，看能不能帮你把这0.2分找回来。"我说道。

"我能自告奋勇再给您交一份额外的作业吗，看能不能补上这0.2分？"

"如果是这样的话，那再好不过了。"我一边说一边想着，这个学生真是个奇才，他的"厚脸皮"，他的德行，还有他的果决都非常出众，天哪，他以后一定会成功的。

我重新检查了他的综合成绩和他在这个学期里总共得到的18个分数，他也很快就交上了那份自愿多做的作业。在最终的成绩单上，他通过了我教的科目，他所有科目都及格了。

他的0.2分教给我很多东西，以至于整个圣诞节我都没忘记那段机智的对话。假期结束后，我问他："圣诞节过得怎么样？我这门课的及格有没有帮了你的大忙？"

"当然帮了大忙了！这可是我人生中最美好的圣诞假期了！像往年一样，奶奶到我们家过节，问了我关于成绩的问题。'奶奶，我所有科目都

1　西班牙东南部城市。——译者注

及格了。'我对她说。'很好，很好，我真高兴，我的孙子们都既有责任感又有好成绩。要知道，你的兄长和堂兄们成绩都很好，就和你的爸爸和爷爷一模一样。遗憾的是你爷爷已经去世了，他没法亲眼看到这一切了，但是他一定会为有你们这样优秀的孙子而感到骄傲的。我为你感到自豪，非常自豪。'说着说着她的眼泪就涌了出来，她和我说这是喜悦的泪水，是因为看到她的孙子们（我是最小的孙子）都走在正确的道路上，觉得太开心了才会流泪的。您不会明白您补给我的这 0.2 分对我的影响有多么大。今年三王节[1]的三王也是有史以来最棒的，我想这肯定也和我通过了所有科目有关系。真的非常感谢您，我永远都不会忘记这段经历。"

我想，与一个老人和一个孩子的快乐与满足相比，0.2 分简直微不足道。我为自己及时补回那 0.2 分而松了一口气，并感到非常欣慰。因为后来那个学生对我说，他为了这 0.2 分而自愿交给我的作业是他做得最用心的作业之一。我的爷爷奶奶也一定会为我感到自豪，为我是这样一个老师而自豪。这一切都缘于 0.2 分，这是实至名归而适逢其时的 0.2 分，对我的学生是如此，对我也是如此。

激活好成绩的基因

许多有七八门甚至更多科目不及格的学生都来向我寻求帮助。"我有很多科目不及格。"无论他们不及格的科目到底有多少，他们总是这样羞愧地对我说。不管是有两科不及格，还是有九科不及格，其实他们的问题是一样的：他们都在日复一日地重复着自己的学习模式，并且都缺乏学习的动力。

我认为，差成绩的出现仅仅是由于某一环节出现了问题，而这样的问题是可以被修正的。

---

1 三王节是每年的 1 月 6 日，传说是"东方三王"向圣婴耶稣献礼的日子，是西班牙的一个传统节日。——译者注

我们需要重新审视并纠正出问题的环节，一旦行动起来，我们的成绩会比想象中改变得快得多，而且一定是向好的方向发展。若想取得好成绩，我们需要拥有足够的动力并将之付诸适当的行动。也就是说对于所做的每件事，我们都要找到合适的缘由。如果有巧妙的激励，人的动力和行动力会马上被激发，这一点本书也将谈到。如果我们的能量被激发，改变就会在我们的身上发生，我们的境况会很快改善，成绩也会很快达标。最终，我们会得到所有人的认可——即便是最顽固、最严厉的老师也会因见证学生的改变而转变态度。

> 每个人都有取得好成绩所需的基因，我们需要做的仅仅是激活它们，并真正行动起来。

我们每个人都有一个最大的优势和一个最大的敌人。我们的优势在于我们拥有想要变得更加完美的意志和取得优异成绩的渴望。而且，如果我们认为这是可以企及并实现的目标，我们立马就能行动起来。但是，我们最大的敌人也正在于此——我们常常会认为这样的目标对于自己来说遥不可及。

我坚信，不论是一个孩子、一个青年人，还是一个成年人，只要他下定决心，充满渴望，并愿意按照本书中所给出的建议努力，那他就一定能在短时间内改善自己的成绩，直至优秀。

一个差学生最大的敌人就是他自己，一个好学生最大的盟友也是他自己。

好成绩的本质

我坚信，所有人都可以取得好成绩，我的这个信念比那些对此持怀疑态度的人要坚定得多。有时候我的想法可能跟这些人和他们的父母不一样，我认为，要想取得好成绩，靠的不是听话，而是要找到动力，找到能使你行动起来的动因，然后开始改变。你的这些行动还可能会变成你的老师，带给你其他方面的改变。

我坚信，对于人类在一生中能够改变的所有事情来说，提高我们的成绩应该算是非常容易的事了。我们要明白，好成绩只是一种手段，而不是生命的意义。

生命的意义在于获得幸福，它很复杂，也很崇高。我们要提高自己的成绩，并不是因为这是我们的目标，而是因为好成绩能够带给我们幸福，这样的幸福蕴藏在我们辛勤努力的过程中，也蕴藏在最终达到目标的结果中。现在的好学生可能以后生活得并不幸福，现在的差学生也可能在以后生活得很幸福。在第一种情况中，好学生坚信对他们来说最重要的就是自己的成绩单，他们只是在每个学期一味地追求成绩的完美，而不注重德行的锤炼。他们往往会忽略，只有有了好的德行，才能最终获得幸福。

好德行可以带来好成绩，好成绩却无法带来好德行。

2. 差成绩的根源

醒醒吧——无条件的爱才是亲子关系的基础

很多时候，若孩子没有取得预想中的好成绩，父母就会认为他们不听话或者意志薄弱；会认为他们是因缺乏兴趣而没有尽力。到最后，孩子自己也会这么认为。但缺少兴趣往往不是孩子不努力学习或不听话的原因。孩子是因为经受了失败而变得缺少兴趣，而不是因为缺少兴趣而造成失败。

若孩子的成绩不够好，父母就会命令他们：要多学习，更加努力，更加惜时，更加负责，更加细心，更加专注，更加有条理，更加重视。

在说得如此详细、明确之后，父母们就会希望自己的孩子能够听话，能够更努力、更专注、更惜时、更细心、更有条理。他们认为孩子的成绩会自然而然地随之提高。但事实上，孩子的成绩并未提高。这时，父母们就会觉得孩子没听他们的话；会认为孩子轻率、不重视学习、不珍惜时间；会认为他们忽视自己的建议；再或者，他们会认为自己的孩子根本就不是块学习的料。

这样，孩子成绩差的原因就被归纳为以下两个：孩子要么是轻率、不听话的，要么是不聪明的，不是学习的料。很多父母都这样认为。于是，孩子就在这样的看法中成长。他们慢慢地接受它，并最终认同它。要知道，一个人在 35 岁之前对自己的看法主要来源于父母对自己的看法。

然而，这样的看法其实是不正确的。造成孩子成绩差的原因既不是他不听话（尽管在孩子被逼得无路可退时，作为反抗，他最终会开始叛逆），也不是他不聪明。这两点都不是真正的原因。

事实上，真正的顺序是这样的：孩子由于不好好学习而没能取得好成绩，之后就更不尽力、不投入、不珍惜时间、不把握自己的才能，失去专注，失去条理，于是更不顺利，由此失去渴望，从而不再努力，最后变得轻率、不听话。成功的经验可以带来学习的动力，而失败的经验则会消磨学习的动力。

此外，孩子还会越来越缺乏自信——作为学生和孩子都是如此。因为他们会看到父母因为自己的学习成绩而落寞、失望、焦虑、生气、放弃，还要接受父母对自己不听话或是无能的指责。

一个聪明的孩子在面对这种父母和孩子需要互相给予对方自信的情况时，会首先去解决主要矛盾，也就是情感上的冲突。他会选择接受父母的消极态度，用差成绩引起父母的关注，并对此表示后悔和遗憾，在双方冲突的焦点中首先做出退让，从而使父母不再纠结于他的成绩，而是能够表明，尽管他成绩不好，但他们依然爱他。

不管成绩有多差，它都不应成为家庭关系的破坏者。父母和孩子间的关系是以爱为基础的，而非建立在孩子的未来以及父母对此的担忧之上。让孩子在面对未来时能够充满自信的，不是学习成绩，而是父母无条件的爱——这样的爱无关乎成绩。

每个人都应该享受父母无条件的爱，所有的孩子都渴望着这样的爱。然而，并不是所有人都能拥有它，有时只是囿于学习成绩这样无关痛痒的小事。

为什么会取得差成绩？

> 学业失败会带来很多严重的后果。除了忍受和不安，我们往往
> 对它束手无策。

几乎所有人都知道"学业失败"这个话题，也有许多人会谈论它，然而，却鲜有人试图寻找应对之法，也几乎没人知道究竟应该怎么做。

学业失败不会是由于智力或能力不足造成的，至少现如今不会。在我们那个年代则正相反。如今的教育体系已获得了极大的发展，每个个体的差异都会被考虑在内，体系中会设置多重机制以保证学生能通过基础义务教育。然而，挂科率不降反升。现实似乎是要揭露现行教育体系的弊端，表达对这一体系的抵抗，并以此寻求更深入的教育改革，改变授课模式、评价手段、就学方式。同时，现实也与学生的学习态度以及父母和管理者的态度正面交锋。

第一世界国家现行的教育体系大同小异，如今在绝大部分国家这一体系已走入死胡同，它给父母、老师和学生们都带来了痛苦。在学校里，学生们能够找到的只有敌人和障碍，而不是盟友和挑战。那里也没有适合学习、接受教育和成长的环境，学生无法建立自信、修炼德行，无法锻炼批判性思维，在那里学生没有安全感，也没有自由。

以西班牙为例。西班牙的教育体系正带来越来越多的学业失败（它给1/4的西班牙人及其家庭的生活、自信、工作和人际关系带来了不良影响）。然而，与此同时，近十年间西班牙人也活跃在全球，在诸多领域中大显身手，这些领域包括工程学、工业、建筑、企业管理、兽医学、外交学、销售学、广告传媒、训练学、文学艺术、竞技体育以及商业体育等。

为什么会出现这样的状况呢？很简单，当今世界现实和过分侧重于评

价机制的教育体系（这一体系所包含的具体内容和依据的教育学原理都值得我们重新商榷）走在不同的道路上，而至少有 25% 的西班牙人找不到自己应走的道路。据我估计，这个数字可能会达到 60%。因为，除了 25% 未能通过义务教育考试的人，还有许多人非常努力却依然无法获得理想的成绩。调查显示，近 3/4 的西班牙人曾在学生时期的某一阶段经历过学业失败。

在西班牙，有 1/4 的人未能完成基础义务教育，也就是中学义务教育。剩下 3/4 的西班牙人中，有 2/3 的人尽管通过了考试，但获得的成绩比预期低得多。也就是说，至少有 3/4 的西班牙人在小学、中学和大学中未能取得理想的成绩。这一状况给他们自己以及他们的家人都带来了很大的困扰。

但是，如果家长和学生联合起来，以上情况和统计数据是可以被改变的。要知道，人类潜力无限，教育体系的力量更是强大。

§ 取得差成绩的 15 个原因

抛开官方给出的 25% 的学业失败率，其实任何小学、中学、预科班、大学的学生都可以不经过老师而只依靠自己提高成绩，只要他们能够改正之前不符合教育体系和规则的做法。

我们得想想自己应该如何行动，也要考虑考虑该如何帮助我们身边那些遭受着学业失败的人。如今，学业失败这一现象在社会上已经非常普遍并为人们所熟知、所接受了，但它会给家庭关系带来许多争吵和误解也是不争的事实。无论如何，学业、个人价值的实现以及家庭关系这三者总是密不可分的。

尽管智商高低和学习成绩好坏挂钩，但二者往往不呈正相关；甚至于一个非常聪明的学生会由于某种校外因素而更易取得差成绩。

我在另一本书《你的孩子也能成为爱因斯坦》中已经谈过可以导致学业失败的因素了，但本书会从另一角度阐释这一问题。在学业失败的诱因中，最突出的有以下几点：

(1) 最常见的原因：不会阅读。

在西班牙以及许多第一世界的其他国家，老师们在教学生如何阅读时往往并不纠正学生的坏习惯。这些坏习惯不仅会影响阅读，抑制学生阅读的兴趣，还会阻碍学生之后的学习，自然而然，也会影响其自信心的建立。当学生能够正确发音、断句并将文章基本流畅地读出来时，老师一般就忽略了学生的坏习惯。老师们也知道理解文章很重要，但是往往直到学生经常性地出现理解偏差，需要吃力地重新开始学习如何阅读时，他们才意识到学生有了阅读障碍。

如果一个学生在阅读时没看多少内容就得回到开头重看一遍，或是看了五六行就怀疑自己是否正确理解了文章含意，那就说明他在学习如何阅读时养成了坏习惯。在这种情况下，为了能顺利阅读并正确理解某一故事的结局或了解某一物品的功能，他就会考虑努力弥补在阅读方面缺失的功课。如果这一方法不可行——因为阅读毕竟是一种长期的学习能力，很难重塑，那么，这个学生就不得不一遍又一遍地阅读同一篇文章，这样一来，学习的过程就会变得令人反感、疲惫。

如果一个学生需要花费很长时间才能理解他所看到的内容（若是盲文，那就是他所触摸到的内容），那他就会在学习这一内容时花费更多的时间。由于人的大脑在集中精神紧张工作20分钟后就需要休息，那么，他没学多少东西就会感到疲惫，并且开始分神：查看微信，给别人打电话，望向窗外，听歌或是去做其他种种无须耗费精力的事。关于如何培养正确的阅读习惯，我将在其他章节中专门叙述。

(2) 妒意：孩子们需要证明，即便他们与其他兄弟姐妹不同，父母依旧会爱他们。

如果与孩子年龄相仿的兄弟姐妹取得了好成绩，那么接下来，不论这个孩子有多聪明，他十有八九会取得较差的成绩。因为他想以此确认父母对他有多宠爱。

(3) 由于父母学业太过成功，导致孩子失去学习的动力。

孩子会觉得父母的成绩难以企及，自己永远无法在学习成绩上让父母满意。继而，他们就会逃避学习，并试图证明尽管自己成绩不好，父母依然会爱子心切。

(4) 由于在少年时期未被正确引导，尤其是在 3~7 岁被过分保护，造成孩子性格乖戾。

这些孩子已经习惯了由父母为他们打点一切，总想着不劳而获。然而，在看到自己的成绩单时，他们就会发现这种不劳而获在学校里行不通，继而就会恼羞成怒。事实上，尽管不好好学习，他们依旧希望能通过考试。在看到随着时间的推移自己的成绩并未有所提高时，他们还会感到纳闷和诧异。

(5) 缺少归属感会使人想要脱离集体，若一个人总是无法找到归属感，他就会一直逃避。

有一些人不喜欢与班级里成绩好的同学走得太近，因为他们觉得自己在这些人中间会显得很另类。还有的人会觉得自己游离于班级所有小团体之外。对他们来说，对学习成绩要求较低的团体更易融入，而这样的团体往往是由成绩差的同学组成的。由于这样的团体中还会有其他缺少归属感的同学，这就使得此团体的包容性更强了。

(6) 学生和某个老师的敌对。

这一状况的出现，学生和老师都有责任。学生有可能觉得某个老师不亲切，但认同感的缺乏或是关系的疏远一般不会导致学生在相关科目上取得差成绩，最多也就是学生会单方面对该老师缺乏信任。只有在学生和老师发生正面冲突时，这种认同感的缺失才会最终影响到学生的成绩。具体来说，当某一事件或一连串的事件（一般发生在公共场合）将学生和老师情感上的对立外化时，作为报复，学生会将对老师的不满转化为冷漠、无礼、厌学和挂科；老师则可以用自己的方式对付这种情况：给学生低分使他挂科，打击学生的积极性，或是告诉学生他无法克服眼前的困难，实则是希望学生因自己的不作为而倒在困难面前。

大部分时候这种情况不会发生，但是这样的互相报复也确实存在。对此，我们也有应对策略。

(7) 老师将学生划分为三六九等，对某一学生形成固定看法。

如果学生端正态度、更加努力地学习，其结果并不会马上反映在成绩上，老师也需要一段时间才会发现变化。若一个学生开始改变却没有得到父母和老师及时的反馈和鼓励，他有可能会执着地坚持，直到成果显著。但更常见的情况是，他可能会就此放弃。若一个学生的成绩有所提高，那说明他一定是从很早之前就开始努力改变了。然而，许多学生都没能坚持到最终获得胜利，因为在努力的过程中，没人注意到他们的改变。

(8) 缺乏自信。

在一个有 25 名学生的班级，一个从未给他们代过课的老师要教授一门新的课程。老师问，谁能取得"优秀"的成绩？只有极少数学生会举手，甚至一些在其他课程经常取得优异成绩的学生也不举手。老师继续问，谁能取得"良好"的成绩？举手的人会略多一些，但依然很少。这些人中有一些是在上一学期取得了"良好"的综合成绩的，还有一些是取得了"优秀"的成绩却没敢在之前的问题中举手的。老师接着问，谁能及格？这时大部分人就都举手了。令人惊讶的是，当老师问到谁认为自己可能会在期末挂科时，依然有学生举手。老师愕然，如果学生既不了解将要学习的课程，也未和授课老师接触过，凭什么就认为自己会挂科呢？答案通常是这样的："反正我总会挂科。"

"我总会挂科"——若想改变学习成绩，这是我们需要战胜的敌人之一。一个右脑（控制人的创造力、想象力、情感……）更为发达而在读小学时成绩不好的学生往往会在中学的学习中遇到重重困难，这绝不是因为他基础没打好，而是因为他受了类似于"我总会挂科"的暗示，认为自己无法做到更好。反之，若一个学生在小学时因自己的努力而获得了鼓励和成就感，尽管他在之后的学习中也会遇到困难——这些困难往往不会被旁

人察觉，因为它们几乎不被表现出来——但还是能较为顺利地完成中学、预科班以及大学的学业。

⑼过于内向。

有的学生在儿童或少年时期过于内向，很害怕将自己暴露在公众视线之下，因而他不愿回答问题，也不愿与他人互动或参与讨论，这就导致了他最终的挂科。

⑽对语言的陌生。

有的学生是外国移民，他们对语言的掌握还有所欠缺，运用也不够熟练。这种语言上的问题往往会混淆视听，让人误以为是他们在学习某一课程、回答口头问题、参与课堂活动、完成独立或小组作业等学习任务中存在问题。

⑾过于敏感、情绪化、脆弱。

一些学生在遇到困难时往往不做努力、放任自流。我们在第5、第6以及第8条中提到的问题也部分是由于一些学生敏感的性格造成的。这些问题共同作用，导致了学生挂科。

⑿过度保护。

从20世纪中叶起，这就是在教育中存在的最普遍的问题之一。"过度保护"指的是在孩子面对他们能够也应该由自己解决的问题时，大人插手替他们挡下难题。过度保护的问题既存在于家庭中，也存在于学校中。在家里，2~12岁的孩子尤其容易被过度保护；在学校里，有的老师会混淆和蔼与纵容，或是试图避免与家长或学生发生冲突，因此过度保护自己的学生。这两种情况都使得孩子或学生不再需要努力去克服在自己能力范围内的困难，也就随之失去了提升自信的机会。被过度保护的学生习惯于逃避困难或是等待别人——大人或是同伴——帮他们解决问题。他们想要取得好成绩，想要学习，想要开始努力，可是他们并不将此付诸实践。在心底里他们还是希望时间和他人（父母去找老师谈话）能想办法改善他们的差成绩。

⒀ 没有掌握必备的学习技巧。

要想获得学业上的成功，掌握阅读、总结、概括、记忆、提问、演讲等相关技巧非常关键。在这几方面我们会给出一些建议。但是光有技巧还不够，动力和自信等因素也非常重要。

⒁ 诸如注意力不集中、专注度不够或缺少天赋等方面的问题，在本书中我们也会给出相应建议。

⒂ 患有某种疾病导致无法学习。

尽管与前面提到的几点相比，这一点出现的可能性较低，但是此类问题是存在的。我的朋友安格尔就是个例子，在他身上我获益匪浅。他是脑瘫患者，并伴有许多其他症状，疾病影响了他的正常行动，他需要依靠轮椅活动，在学习上也有着明显的障碍。但他在中学义务教育的四年级依然取得了"优秀"的成绩。

> 一名学生能够取得好成绩，往往是由于他有高度的自信以及想让父母满意的迫切愿望。而造成学生差成绩最常见的原因是其被过度保护和缺乏自信。

孩子们希望引起父母的注意，使父母更加关心自己。说到底，他们想要感受到父爱、母爱并被父母温柔对待。这时候，差成绩只是他们为了得到关注所诉诸的手段。孩子们需要得到父母的爱，这种爱无关乎成绩。

如何正确应对失败

当自己害怕的失败变为既成事实时，人类通常有以下 5 种反应。

(1) 有些人会延续将他引向失败的错误做法，并幻想结果会有所改善。

通常来说，若我们重复相同的做法，而其他客观因素没有改变的话，结果总是相似的，我们会重蹈失败的覆辙。

(2) 另一些人会直面困境，改变原来的做法。

他们会尝试去做与原来不同的事，以求得到不同的结果。通过改变获得进步，这种方法通常是最有效的。

(3) 还有一些人尽管承认自己的失败，但只会放弃、逃避。

他们拒绝再做尝试。这样，他们虽然避免了失败，但是也因此失去了战胜困难、获得成功的机会。

(4) 一些人会将困难放置一边，尝试"曲线救国"，他们会寻求不同路径来达到既定目标。

有些时候，这样的做法十分明智。但也有些时候，我们面对的道路是阶梯式的，每级台阶都代表一个困难，我们只有一级一级登上台阶才能最终到达终点。

(5) 此外，还有一些人只会抱怨，将失败的责任推给旁人。

这类人把自己的错误和责任推得一干二净。他们和没事人一样继续原来的生活，就好像失败也不是他们的一样。他们想要说服所有人，让大家都认为他们不应承担失败的后果。

不同性格和个性的人可能会对以上几种态度持不同看法，有些人觉得这种态度好一些，有些人觉得那种态度好一些。其实，在不同的情况下，以上 5 种态度都有可借鉴之处。我们可以概括如下：

态度 1：重复。

如果我们已经知道或是猜测到问题出在执行过程中，而我们努力的大方向没有问题，那我们就应该这么做，但前提是我们要弄清原先到底是哪里做得不到位。

举例：如果我们是因为考试当天生病，所以无法集中精力或理解问题而导致挂科的话，我们就应该重复之前的学习方法，重新复习以求通过考试。因为在这种情况下，我们基本可以确知，若我们再次参加该考试，不会重蹈覆辙。

态度2：尝试换一种方式解决问题。

如果我们相信凭借自己的能力可以通过多种不同方式解决问题，那这种态度就是可取的。这种情况下，我们需要有足够的自信心。

举例：如果在考试中挂科，我们可以先分析一下可能的原因并反思自己的学习方法；再去求教有经验的人以寻得另一种更为有效的学习方法；之后我们就可以采取新的学习方法，并面对同样的考试——我们改变方式以求解决问题。

态度3：逃避。

有的时候，承认自己在某些困难面前无能为力、无可奈何也是一种智慧。比起一味坚持攻克无法攻克的难题，放下眼前羁绊转而去寻找生命中的其他目标往往更理性、更勇敢、更明智。毕竟，学习只是带领我们抵达幸福的一种手段。

举例：某人想要学习医学，但是在经过预科班学习和大学入学考试后，他的成绩并未达到要求。这时，他没有选择再次参加考试，也没有选择先进入其他专业，之后再转入医学专业，而是直接改变了要学医的决定，改为选择自己的第二志愿去学习药学。

态度4：通过不同路径达到目标。

只要我们觉得通过其他途径也可以获得成功，并且确实有更多路径能使我们达到目标，我们就没必要在某一困难面前停滞不前、浪费时间。这时，通过不同路径达到目标是最好的选择。

举例：如果我们在第一学期就没通过考试，那么放弃原专业并转到其他专业学习或许不失为一个好的选择。因为已经有确切的数据可以说明也

许原专业对我们来说并不是最理想的，另一专业可能才是最适合我们的。这种态度很可取，因为在大学里学习某一专业只是我们实现自我价值、赚钱谋生、获得幸福的一种途径，这样的途径还有很多，通过学习其他专业，我们也可以获得相同甚至更大的成功。

态度 5：将责任推给他人。

这种态度在所有情况下基本都是消极的，但也有例外。因为某些个人因素，有些失败或许实在令人羞愧难当。这时，为了缓解情绪，我们也可以暂时认为这失败是由于他人的过错所造成的，但前提是这样的责任推脱不会对他人形成诽谤或造成伤害。

举例：若一门考试只有九个人没通过，而你就是其中之一，那你可以劝慰自己，只是因为运气不好或是老师太严苛、评卷不客观才导致自己挂科的。

3. 人类是为完美而生

只要开始，改变就停不下来

只要我们真正开始行动，改变要比我们想象中可行、容易得多。

人类的大脑和心脏都可以助人改变。在实践中，所有人都拥有能够改变自己的力量，这是我们生来就有或可以后天获得的力量。改变的关键不在于我们是否已变成了想要变成的样子，而在于我们是否已在开始改变的路上。

所有人，不论是男人还是女人，在各个领域都有无限改变、完善的潜能，在学习上也是如此。不论我们是谁，都生来具有这样的潜能。

联合智能

所有人都有智力，它是构成人类的要素之一。有些人因为患有某种疾病，所以暂时或长期无法正常开发利用自己的智力。尽管他们看起来遇到

了一些障碍，但他们也有智力。

> 如果没有疾病，人类有能力攻克任何一门学科，只要有足够的动力并掌握正确的方法。

没有人能 100% 地开发自己的智力。我们的潜能总是有待发掘。

我们每个人生来都有不同的智商，它是我们的基础构成之一。随着阅历的增长，我们的智商会在最初的基础上慢慢提高，也会根据我们对其的开发情况逐渐发生变化。

我们利用自己的智慧来解决问题。我们生命中最大的问题就是如何使自己和自己爱的人获得幸福。因此，当我们充分发挥自己的聪明才智时，我们的智慧就会成为我们获得幸福的一种工具。

我们最基本的智力使我们能够学习、解决问题并理解事物和人们的特性。在我们学习的过程中，智力也在不断增长。我们学到的知识会使我们变得更加聪明，当我们掌握了最关键的知识时，我们的智力也会到达顶峰。

我们的所作所为不断影响着我们才智的发展，它会随着我们阅历的增多而增长。要是我们在某一方面很灵光，那我们就是聪明的。如果你不看说明书就能学会使用一部智能手机，那就说明你具有聪明才智。但是你自认为学不好数学或英语？那只是因为你努力得还不够而已。

若我们想更好地理解这一点，就得复习一下霍华德·加德纳[1]的多元智能理论，并用可以称之为"联合智能"的理论替代它。

我们拥有数理能力、创造力，还有戈尔曼[2]提出的情商等不同智能，实

1　霍华德·加德纳，著名教育心理学家，被誉为"多元智能理论之父"。多元智能理论认为：智能是在某种社会或文化环境的价值标准下，个体用以解决自己遇到的真正难题或生产及创造出有效产品所需要的能力。——译者注

2　丹尼尔·戈尔曼，哈佛大学心理学博士，凭借《情商：为什么情商比智商更重要》而一举成名。——译者注

际上这些智能都属于同一范畴:人类智力。我们要能控制自己的智力,并根据不同的境况、对自己不同智能的信任度以及别人的反馈情况选择使用不同的智能。

据此,如果有人说"我情商高",我们应该知道,他的大脑也有其他智能。他实际想表达的是,他对自己的情商很有信心,在控制情感方面游刃有余,并在这方面有更多的成功经验。

一定要知道,说这话的人也有其他智能。就算他对自己的其他智能再没自信,就算他对它们的使用少之又少,他的所有智能也都是平衡发展的。

可以肯定的是,在面对生活中的几乎所有问题,尤其是面对那些特别重要的问题时,我们需要将人脑为解决这些问题所保有的多种不同的能力——若按照加德纳的说法,就是多种不同的智能——联合起来。

我们不同的行为方式决定了我们需要开发的智能,也决定了我们的幸福。我们可以根据不同的境况选择是遵循情感还是逻辑、依从理论还是实践、更理性还是更感性、更理想化还是更现实化。我们应成为环境的主宰,而不应成为环境的奴隶。

我们应该让大脑和心脏发挥更大的作用,我们应该更好地利用自己的智力和多种能力。

智力是上天赐予我们人类的珍贵财富,我们应该好好利用它来工作、学习、改善自己的生活以及我们所爱的人的生活。重要的不是我们是否有足够的智力,或者我们的智商高不高,而是我们如何开发自己的智力。若人类智力可以帮助我们获得幸福,那么我们为什么不能利用它学习,通过取得好成绩使自己变得更聪明呢?

女儿的忠告——成绩仅仅是一个分数

我的女儿玛塔 18 岁了,她刚在离我们很远的城市安定下来。一天,

她给家里来电讲述了她的近况，并问我："爸爸，你的书写得怎么样了？"

"还算顺利。"

她说："爸爸，你可别在题目里写什么'取得好成绩'之类的话。毕竟你也一直认为成绩无关紧要。在所有班级里都有牛顿、爱因斯坦和乔布斯那样成绩不好的学生。有很多天才成绩不好，而许多庸才却能取得优异的成绩。"

"我知道，孩子，但是我必须通过这本书让更多的人了解到一些常见问题的答案——如何提高成绩、如何获得动力、如何增强兴趣和渴望、如何发掘潜能以及如何改善家庭关系。我们都能提高自己的成绩，因为我们生而聪慧，我们活着就是为了获得幸福。如果取得好成绩能够带给人幸福，并避免因成绩差而造成的冲突，那它就值得我们为之努力。只要我们掌握方法，就都能取得好成绩。所有人都有权知道该如何提高成绩，并在之后按照自己的意愿选择如何去做。如果一个人成绩很差但依然很幸福，那是因为他很有智慧；既然他很有智慧，那他就一样可以取得好成绩。"

"哦，如果这本书是为了帮助读者们获得他们真正想要的东西，那我觉得还挺好的。成绩说明不了任何问题，它仅仅是一个分数而已。你可要把这点和父母们说清楚啊！"

玛塔在中学和预科阶段所有科目的成绩都是 10 分，在满分 14 分的大学入学考试中获得了 13.8 分。在和我通话的几个小时之后，她就要开始在阿姆斯特丹大学的课程了。

三个最常见的问题

"这个学生在之前的学期中学习落得太多，知识空缺太大了。"

"他还没有足够坚实的知识基础来应付这门课程。"

"我的孩子学习习惯特别差。"

我们经常会听到老师、家长谈论这些话题。尽管这些问题的产生大都可以寻根究底，但是人们并未深究原因，也没有尝试解决问题，而是将问题置之一旁，这样的做法显然是不对的。

※ 知识空缺。

我们应该用新学年 9 个月的努力积累来填补空缺，而不是面对着知识上的空白无动于衷，幻想它会自己填满。

※ 基础不牢。

这是一个比较突出的问题。其实，要想学得扎实，我们需要打的基础并没有想象中那么多。例如，在小学和中学教育中，学生需要具备的基础知识几页纸就能写完，一学年内就可以掌握。

※ 学习习惯差。

人们通常认为学习习惯应该是在小学，最晚是在中学开始时就已经形成了。如果学习习惯不好，学习起来就会困难重重，它会成为阻碍学生取得好成绩的巨大障碍。然而事实并非如此，只要我们开始学习，学习习惯可以随时培养。培养好的学习习惯的关键在于我们要铆足干劲迈出第一步，保持动力并日复一日地坚持学习。要让孩子保持足够的动力，父母的态度和孩子最初的努力成果起着最重要的作用。

因此，我们应从最可行也最容易的方面开始努力。父母应更加耐心、积极、乐观，鼓励孩子迈出改变的第一步。与此同时，也要尽量确保这些努力能使孩子在考试中取得一定进步，并改变他们在课堂中的态度。

显然，如果一个人看不到努力的成果，他就不会再坚持学习；而如果他不坚持学习，就不可能养成好的学习习惯。若他能有一次取得 9 分的好成绩，那改变就会容易得多。

知识存储和人类进步

过去，在获取信息还不是那么便捷的时候，知识都要被储存在百科全书、字典、教科书以及杂志的文章中。现在，通过我们随身携带的终端设备，我们只需不到一分钟的时间就可以获取信息。因此，再存留某条信息的意义就不像原来那么大了。

现如今，拼命记住在手机、平板电脑或任何可以上网的设备上都能随时查到的内容，就如同是执意用两根树枝来生火。人类已经取得了很大进步，不再需要那么做了。

现在，比起记录和保存，学习更需要的是思考和联想。

然而，考试中的大部分得分点依然是在网页上可以查得到的内容，即便是10岁的孩子也只需要30~40秒就可以找到这些信息。换句话说，我们存储这些得分点的内容没有任何价值，因为它们随时都可以被查到。这样的得分点设置显然已成为教育体系的累赘，使其无法跟上人类进步的步伐，也使其与获取知识的新途径相脱离。面对这一情况，我们不仅要能从容应对考试，还要能去其糟粕，以更好的方式努力学习并获得提升。

若想在学习中有所收获，我们需要经常从与众不同的角度思考问题。

牛顿看见了从树上落下来的苹果，其他人也一样看到了。但是牛顿是以一种独特的视角看待那个苹果的，他也因此发现并提出了万有引力定律以及其他相关定律。牛顿从一个苹果中学到了许多东西。

不论成绩如何，我们都无法否认，学习、获取知识和取得好成绩是互补依存的。

4. 成绩会伪装

摆正目标，获取知识 or 考试合格？

提升智力的关键在于获取知识，而不在于努力学习或考试合格。学习只是一种途径，考试合格通常是其结果，虽然也有例外。

尽管如此，由于考试合格可以带给我们幸福感以及许多其他东西，得到好成绩取代获取知识，成了我们为之努力的目标。

如果我们考试合格或得到了理想的分数，却没有真正获取知识——这是有可能发生的——我们在一定程度上也开发了自己的智慧。因为为了考试合格我们需要解决许多问题，而在解决问题的过程中，我们的智力就会有所增长。但是假如我们能够在考试合格的同时又真正获取了知识，那我们的智力会提升得更多。

让你的孩子
上哈佛

成绩是会说谎的

成绩经常说谎。

因为成绩无法反映出一个人真正的知识水平。有些人可能非常博学，但是由于受到神经紧张、暂时疾病或长期疾病（比如多动症）的影响，而无法将自己的真实水平呈现在考试中。相较于他们广博的知识面，他们取得的成绩实在是有些太低了。

有时候，一些人所掌握的知识足够让他们取得 9 分的成绩，可他们却只能获得 3 分。在我的教育生涯中，这样的例子比比皆是。我曾有个学生患有多动症，他最大的敌人就是考试。

还有一些人，他们在一门或多门科目中常常能得到 7 分或 9 分，但是这样的成绩是通过作弊、抄作业等手段获得的。他们根本没怎么付出努力，他们学习和掌握的那点知识根本不配得到好成绩。

因此，除了注重记忆、发言、参与和展示与成绩的关系，我们最好还是将好成绩与获取知识联系起来。如果不这样的话，我们就会仅将目标锁定在取得好成绩上而忽略获取知识的重要性，那么，人们不择手段去取得好成绩似乎都成了情有可原的事。

除了以上原因，成绩还会因为其他原因说谎。有的人知道的要比他在考试中呈现的多得多，还有的人在考试中呈现的要比他实际知道的多得多。考试本身就有一定的欺骗性。

人们最初创造考试是为了检验学生能记住多少所学内容，也就是他们掌握了多少知识。但是，考试成绩实际上也会因考试自身各种因素的变化而发生变化。除非学生能完全掌握考试中涉及的所有内容，并且考试的考查方式也恰好和他所掌握的一样，否则，考试内容和考试形式也会使考试结果不那么客观。

老师在讲课时松懈的态度以及出题时巧妙的题目设置都会影响考试结果。如果出题老师在多年里重复出一科试题，那试题内容很可能跟课堂上所讲的内容不大一致。毕竟，面对不同的学生，老师不可能每次讲的内容都完全相同。在知识传授过程中，接受者——也就是学生——是很关键的部分，在不同的学期每门课程的学生都完全不同。如果学生和授课情况的变化没使出题老师改变，那么考试内容就不会改变。

人们都想让考试更加客观，不受老师以及学生情况等主观因素的影响。人们渴望公正的考试，但我们常常会忘记，考试并不是完全公正的：总会有一些因素影响知识掌握和考试成绩间的关系，使考试结果发生改变。

在老师及学生状态均保持良好的情况下，还有一些因素会使成绩失真，主要有以下几点：

(1)考试广度。

有的考试考查范围很广，考试时间很长，导致学生的自信心、心态、注意力和专注度等各方面因素都会影响考试的结果。可以设想，为了应付这样的考试，学生需要在各方面做好准备——他们得全身心投入考试，注意力高度集中，放松心态并充满自信。毫无疑问，当考试除了考查知识还要求学生要有例如专注力和自信等的时候，考试设置本身对成绩的影响就变得非常大了。

有人认为学生就应该适应各种各样的考试，但是要知道，掌握知识才是最重要的。还有人学到了知识，也知道如何将其呈现在考试中，但他们也应注意，由于书面表达的限制，学生想要在试卷中表达的内容与老师所理解到的内容往往会不一致。

成绩通常被划分为不及格、及格和优良这几个等级，而不给出具体分数。因为后者更容易受到主观因素和环境因素的影响而发生变化。

(2)考试题目是否是客观选择题。

如果考试题目是客观选择题，那么题目的设置，例如答案是四选一还是三选一，是单纯选择对或错还是要选出错误答案的数量，都会影响考试的结果。我在大学、中学、预科班的教学经验以及我曾专门开展过的相关论证实验都证明，在学生状态和考试内容保持不变的情况下，客观试题的

题目设置方式会改变考试成绩。

(3) 考试题目的表述。

我曾做过一项有关数学考试中存在的问题的研究，该研究针对小学二年级的学生（平均 7 岁）进行。综合比较 6 个不同版本的试题，我发现，有 75% 的题目都存在表述问题，这些题目或是表意不清，或是存在歧义，导致学生给出了许多"有创意"的答案，这些答案虽不正统，却也正确，然而，绝大部分的老师将它们视为是错误的。

举例：这是发生在一个 8 岁男孩身上的故事，他在思考问题时右脑发挥主要作用，也就是说，他更具想象力、创造力、概括能力和直觉能力——这是我们在解决生活中主要问题时的必备能力。致使男孩给出"错误"答案的题目是这样的："现在有一大块分为 12 小块的巧克力，如果你的哥哥吃了 4 小块，你吃了 2 小块，那么还剩下几小块？"男孩给出的答案是："5 小块。"认识这个男孩的老师——这点非常关键，老师很了解男孩——并没问他是如何计算的，而是问他为什么会剩下 5 小块，男孩答道："之前巧克力总共有 12 小块。我哥哥吃了 4 小块，我吃了 2 小块，但是我妹妹至少还得吃 1 小块，因为她很爱吃巧克力。"这个男孩的家里凑巧有 3 个孩子，而他无法理解为什么他的妹妹没有被计算在内。

太复杂了？

可生活就是这样。事实上，当男孩的母亲走进厨房，看到桌上只剩下 5 小块巧克力，而她又知道她的两个儿子分别吃了 4 小块和 2 小块，那么她马上就会明白是怎么一回事了，就和她 8 岁的儿子想的一样。问题的根源在于题目本身不够严谨，给其他答案提供了开放空间，如果这时我们仅仅因为男孩给出的答案与标准答案不同，就武断判定他的答案是错误的，并使他认为自己没有数学天赋，那可就太令人遗憾了。我们应该做的是将题目的问题改为："如果再没其他人吃这块巧克力了，那么巧克力还剩下几小块？"

还有另一个 8 岁男孩的故事。考试题目是这样的："一群朋友一起去滑雪场滑雪，他们共有45人。如果其中有38人去坐牵引缆车了，那么，这时场地上还剩多少人？"男孩的回答是："我不知道。万一还有人去商店租滑雪板或是去酒吧了呢？"

再举个例子。这是发生在一个年龄大一些的学生身上的故事。考试题目是这样的："如果汽车行驶速度是78千米/小时，摩托车行驶速度是90千米/小时，那么，摩托车1小时可以比汽车多行驶多少千米？"学生回答道："这说不准，要看汽车或摩托车有没有在中途停车。"原先的题目中应该补充一句"如果摩托车和汽车都以它们的速度不间断地匀速行驶的话"。

也许有的人觉得以上例子都是强词夺理，认为题目的表述并没有问题，那说明在他们思考的过程中，左脑起主导作用。但要知道，在阅读题目和解决问题的过程中，右脑起主导作用的人也有很多。对于这些想象力更为丰富的人来说，以上例子中提出的问题实实在在地困扰着他们。由于题目表述得不严谨，他们往往会在考试中感到焦虑和疑惑。这样的状况在面试或驾照考试中尤为严重，因为这种情况下考官和考生双方都对彼此知之甚少。

还有一些人很有创造力，女孩埃斯佩兰萨就是其中之一。当被问到6加8得多少时，她回答说是68。在实际生活中，"加"也可以表示将两者放在一起。有意思的是，老师并没注意到这一可能性，将她的答案判定为错，并对她讲，她应该把6和8相加，得到14，这才是正确答案。出于尊敬，埃斯佩兰萨并未再做争辩，但与此同时，她认为自己不是学数学的料。

如果数学、语言学或任何其他学科有自己的专用语言，那我们要尽量保证这些语言是没有歧义的，或者至少，在语言表达出现歧义时，不仅仅因为学生给出了其他答案就武断地将其判定为错误。

在更高的教育阶段，比如在大学中也存在同样的问题。在西班牙一所大学兽医专业二年级的一次测验中，题目只有一道——发热的病理生理学。在老师给的教案中，有一个章节正是以此为题，其中还包含3个小章节：

发热的概念、发热的病理生理学（和大标题相同）和发热的后果。一名学生将第二个小章节的内容写下来作为答案交给老师，但他没有通过测验，对此，老师给出的解释是该学生没有写出发热的概念和发热的后果。问题出在那些教案中。当然，学生不够机智也是原因之一——他应该把自己知道的都写上去才对。在之后的测验中，该题目再次出现，于是，学生把所有内容都写了上去，但老师依然没有给他"优秀"，而是仅仅给了他通过的成绩，因为这次老师不希望学生将发热的概念和后果也写进答案中。简直匪夷所思，但事实就是这样。在这些测验中，出题老师并不是要求学生去解决某一实际问题，而是要让学生给出令他们满意的答案。但他们出的题目往往模棱两可，不同的人会有不同的理解，因而会产生许多不同的答案，这些答案虽不一样，却都能说得通。

然而，老师对于不合自己心意的答案往往毫不留情，他们会简练地点评其为"答非所问"，就好像学生理所应当要理解出题人的意图似的——这一点其实很难做到。当然，要做到这一点也并非全无可能，这就得取决于学生自己了。

(4) 考试时的各种情况。

考试结束后有什么安排、考试开始前发生了什么、考试在哪里进行、在哪个星期进行、在几点进行、在什么样的个人情况和天气环境下进行——如果天气很热而考场有空调，那就更易于集中注意力，比起下雨天，有的人在晴天更有信心通过考试——以及考生受到什么样的压力、有多长时间答题，等等，这些情况都会影响考试结果。

(5) 还有一些方面可能没有引起人们太多重视，但是它们对最终成绩的影响很大。

例如，考试时是否有草稿纸，如果有的话，考生可以在上面列草图，它有助于考生记忆、集中精神并找出答案。此外，学生的学习技巧、在学习上投入的时间、学习兴趣以及动力都会影响成绩。

除了考试，其他因素也会使成绩出现偏差，变得没那么客观，其中一个因素就是平均分。

一门科目的测评成绩一般是取一段时间内几个平时成绩的平均分得到的。这些成绩的数量会影响最终的测评成绩（有30个平时成绩和只有两三个平时成绩肯定会有所不同：在后一种情况中，之前提到的种种外部因素会对测评成绩造成更大影响）。

平时的成绩记录会受到上文提到的环境因素的影响，例如，老师是在何时记录的成绩，那天他给的成绩是偏高还是偏低。老师会不自觉地受到自己的心情以及对学生的分类等因素的影响，打出0~10分的分数。成绩的类别不同，成绩高低也会不同：是作业成绩还是考试成绩，是用纸笔回答的问题还是口头回答的问题，回答问题所给的思考时间是长是短，完成作业或考试的那些天是否由于着急学习其他科目而没有投入充足的时间，等等，这些都会影响到成绩。

此外，不论出于何种考虑，老师对学生的分类会影响平时成绩的记录。由于受到教育体系的压力，老师需要非常慎重，才能将一名学生的成绩从一个档次换到另一个档次。（例如，如果老师在某次测验中给某学生打了2分，在一星期之后的测验中给了他9分，而再一星期之后的测验中给了他3分，有人就会质疑是不是老师在测验的难度设置上不够稳定。如果这个人3次取得的成绩分别为5分、6分、6分，那么所有人都会认为这个学生取得什么样的成绩是取决于他自己的努力程度。在这种情况下，许多老师都会说："如果你更努力，成绩就会提升。"）

除了对学生的分类，老师的打分习惯也会影响学生的平时成绩。有的老师很少让学生挂科，有的老师却相反。后一种老师总会说："我的科目可是要求很高的。"有的老师不会给出很多10分，有的老师常打5分，还有的老师常打4分。当不同老师的不同打分习惯反映在同一个学生身上，就会出现有趣的现象：他可能在两门课中付出了同样的努力，却得到一个7分和一个6分，或者在一门课中总得9分，而在另一门课中总得10分。据此，该学生就会认为他更擅长某一科目，而在另一科目中有劣势，虽然事实并

不一定如此。

此外，平均分计分法本身也有一定的局限性。在评价学生整个学期的表现时，我们不应局限于将他所有的成绩相加，然后平均，而应同时考虑其他方面的情况。仅依靠计算平均分来确定最终成绩的评判方式常会显露出其局限性，我在西班牙 4 个自治区多个教育机构获得的经验都证明了这一点。在这种评判方式下，老师们常说："这个学生确实进步很大，他很努力，也有改进，本应给他及格的，或许那样还能起到激励他的作用，但是他的均分不到 5 分（4.4 分），那我就无能为力了。他在上学期的测验中获得了 4 分的均分，这次他更努力，获取的知识也更多了，但是均分不够就是不够，不能让他通过。"最后他们往往还会劝解似的发表评论："但是，如果他能坚持像这样努力，最终一定能通过考试。"这是往伤口上又撒了把盐。

这里的问题在于，尽管学生更加努力，也改进了更多，但是提升的还不够。面对这样的情况，许多学生不会气馁，他们会持续努力，带着之前取得的 0.4 分的进步继续向前，并最终通过考试。然而，还有很多学生会放弃努力，接下来的考试不仅仍无法通过，均分还降到了 3 分。这时，若我们想起老师之前说过的话——"这个学生确实进步很大，他很努力，也有改进，本应给他及格的，或许那样还能起到激励他的作用"，会不会感到有些遗憾呢？

说到底，成绩都是模糊的近似数值，不论是否重要，它都是客观存在的。但我们也应知道，成绩并不能完全反映出我们所付出的努力。它会受到外界因素的影响而发生变化，它自身就是不准确的。因此，我们也不应让一个人的成绩在他的生命中占据过多的位置。

尽管以成绩定成败的事实暂时无法更改，但是父母、老师、学生，我们每个人能做的事依然有很多。人类有能力在全世界所有的教育体系下都取得好成绩。

有些成功是失败的伏笔

学习可以给人带来智慧，但比掌握知识，尤其是掌握那些最重要的知识带给人的智慧少得多。因此，我们会发现智者并不总是埋头苦学，而许多非常愚钝的人可以以优异的成绩完成大学学业。为了掌握知识要点，我们必须努力学习并记住它们。学习是为了掌握知识，但是在现实世界中我们很少践行这一点，虽然我们学习、记忆的东西可以帮助我们增长智慧，但它们往往对解决人类生活中的实际问题没有任何帮助。

许多学生认为通过考试就意味着他们学到了知识，而取得优异的成绩就代表着他们已完全掌握了知识，但事实并非总是如此。在中学、预科班和大学中都有一些学生非常擅长考试、做作业、取得好成绩，但是几个月过后，他们甚至连最重要的知识点都不记得了。

有些学生在取得优异成绩后，就认为学习成绩是自己最大的炫耀资本。一些青年人成绩优异、追求完美，当他们看到父母向亲戚、朋友骄傲地谈论自己的学习成绩时，就误以为令父母感到满意的最好的方式就是取得好成绩。这就导致一些人——并不是大部分，但确实有很多——开始过分执着于成绩，他们埋头苦学，直至感到不适和焦虑。有些人认为，如果自己不能取得优异的成绩，就无法让父母感到骄傲和自豪，那他们就配不上也更无以回报父母的爱了。

这些在学校中常常获得 10 分的天之骄子们，在毕业后面对现实生活时往往更易遭受挫折，感到较大落差。当他们离开中学和大学校园，他们所要面对的不再是各种题目中的情景设置，而是实实在在的生活。在这里，学习仅仅是一种途径，要想获得幸福感、自豪感和成就感，仅靠学习是远远不够的。当然，学习本身是值得崇尚的，只是生活的内涵并不止于此，它要丰富得多。

明确这一点后，我们再来看另一种情况：挂科。显然，它无法给人带来幸福。取得优异成绩的学生尽管有可能将自己的成绩看得过重，但不可

否认，好成绩依然能在一定程度上证明他的价值。只要好成绩可以帮助学生提升自信、增长智慧、敞开心扉，那它就是有益的。因此，对于成绩不好的学生来说，他们应该开始努力，尽力去获得好成绩。要知道，一切改变都可能发生，而他们的智商也绝对够用。他们甚至可以想象取得理想的成绩后自己所获得的成就感、自豪感和幸福感。他们要做的就是开始学习并将设想转化为现实：因为，一切皆有可能。

第❷章 共同努力：学习态度

没有人愿意做徒劳无功的事。

适当时候出现的奖励，

会鼓舞我们在正确的道路上继续努力前行。

5. 父母：最好、最重要的老师

父母是孩子一生的老师

在孩子上学前，他们就已经学到了生命中最重要的东西——爱与被爱。

如果孩子还小，在上学之前他可以学着建立自信、开发智慧、挖掘天赋并发现自己喜欢的科目。如果他已经比较大了，那么父母就可以教他如何爱与被爱了。

父母是孩子生命中最重要的老师，就算他们有一天离开孩子而去，他们对孩子的影响也会持续很久。

生命中最重要的课程都是由父母教给孩子的，他们是孩子最好的老师。因为他们是（他们也应该是）：

※ 最了解孩子的人。

※ 倾听孩子说话最多的人。

※ 对孩子来说最可靠的人（尽管孩子会偶尔叛逆，会时有争吵）。

※ 最爱孩子的人和孩子最爱的人（尽管为了让孩子尽早成熟，尽快成长，他们有时会刻意隐藏自己的爱）。

※ 孩子最需要的人。

※ 孩子最想向其证明自己价值的人。

※ 孩子最想向其展示自己的学识和独立人格的人。孩子想让他们为自己感到骄傲。

※ 对孩子说话最管用的人（尽管孩子常常将这一点隐藏起来）。

※ 以其自身人格可以对孩子产生最多积极影响，并在孩子身上留下最多印记的人。

※ 有义务将最重要的东西教给孩子的人。

父母应教给孩子什么

父母应尽其所能将更多的东西教给自己的孩子。他们的教育应通过自然的方式进行，而不是通过刻意的教学手段实现。比起老师，孩子们更需要父母。

对待不同年龄的孩子要采取不同的教育方式，但是对于所有孩子，都可以在适宜的时机进行适当的教育和鼓励。此外，生活中的普遍真理还是由父母教给孩子最为理想，比如以下示例中的内容：

※ 数学。

最基本的数学运算；目测长度；能算出多少液体可将容器注满……

※ 生物与生活。

如何计算被砍断的树木的年龄；落叶植物和常绿植物有什么区别；树木有什么作用；人体的器官结构；植物和动物的组织结构；动物和人到底有什么区别；根和果实的区别，以及根、茎如何向果实传输营养；胡萝卜的根与胡萝卜的区别；部分和整体的区别；果皮和种子的区别；人们看不到的重要部分和人们看得到的次要部分的区别……

※ 不同类别的文化知识。

木材的不同种类；尽可能多样的色彩；同色系色彩的区别；不同织物的名称；不同金属的名称；不同种类的狗的名称；各种鸟类的名称；组成日常用品的不同材料的名称……

※ 地理。

如何根据太阳或日出和日落的方位找到东西南北；为什么会有潮汐；为什么月亮会有阴晴圆缺；为什么有12个月份；为什么一年有365天；岬角、海湾、山峰、山岳、山丘、山岗、山谷都是什么，有什么区别；长隧道、游廊和死胡同间有什么区别……

※ 哲学。

什么最重要；如何整理思绪、原则、生活或是一个抽屉及一间房间；表象和内核的关系；外在形式与本质的关系；必然变化和偶然变化的关系；一些易混淆概念的真正区别，例如疑问词"什么""为什么""为了什么""如何""多少""什么时候"之间的区别；当认为自己无能为力的时候要怎么办；对于各种事物的看法……

※ 几何学。

日常生活中哪里可以见到三角形、角、圆柱体、五角形、六角形、圆形、圆周、平行四边形；计算各种图形与其他图形相比是大还是小……

※ 道德。

为什么要宽容；为什么要怀有敬畏之心；人类真正的尊严是什么；想法和事实的意义分别是什么；为什么想法好不算好，实践好才是真的好；好的生活究竟是什么样的；什么是好，什么是坏，为什么所有事情都有因果；如何能够在不失自由的情况下负起责任；如何协调集体利益和个人利益的关系，当两者界线模糊时该怎么办……

※ 宗教。

有哪些重要人物，他们都是谁，代表着什么；在哪些领域应遵从宗教。

※ 语言。

用尽可能多的词汇表述不同的事物：物品、地点、事件、想法、感觉、

情绪、感受；如何组织语言发表意见：首先阐明自己的观点，其次给出论据和理由，最后用另一种方式再次表明观点。

※ 物理。

摩擦力是什么，为什么在生活中的各个方面总得考虑它的作用（比如，想要让一个人改变，我们也得考虑某种"摩擦"阻力的作用）；计算物体和动物的运动速度；原子和其他粒子如何组成物质；支撑防护墙的空气柱；重力和平衡的重要性；天文学。

※ 医学。

如何尽自己所能维持自身和他人的健康；保健学的主要准则有哪些；人体消化系统及其他器官和系统如何工作；它们都有什么样的功能，应如何保养。

※ 艺术。

平衡构图和不平衡构图的区别；美、艺术和时尚之间的区别；如何将局部组合成为更美的整体。

※ 阅读。

如何腾出时间阅读一本好书；为什么要放下孩子不喜欢读的书；什么样的寓言更有教育意义；什么样的书最好；应该阅读什么样的传记；应该阅读什么样的现实主义小说；为什么会有各种各样的书适合不同喜好、不同年龄的人在各种时间阅读。

※ 记忆。

孩子看到了什么；他听到了什么；他能记住多少语句和数字。

※ 感官的刺激和认知。

教孩子感受所有看到、听到、触摸到、嗅到的东西；引导孩子描述味道、所在位置、体内感到疼痛的部位；描述事物间的相似处和不同点。

总之，父母可以将所有他们觉得有趣、实用、自己小时候不知道却希望自己的孩子知道的知识都教给孩子。

6.作为父母，你做对了吗？

我们可以做得更好

父母对待学习、努力、成绩以及自己孩子（注意是孩子本身，与其学生身份无关）的态度，都会影响到考试结果。

> 本书旨在帮助想要提升成绩的人们达到目标。此外，也希冀能为学龄前孩子的父母提供一些建议，帮助他们做得更好，为孩子提供更加适宜的环境，使孩子能更自然地取得理想的成绩并快乐成长。

因此，抛去一些共性问题，本书对教育不同年龄的孩子时需要注意的不同问题进行了分类。下文列出的是在每个阶段尤其需要引起注意的一些方面。

孩子3岁以前，父母应该如何说与做

在3岁以前，孩子可以从父母的态度中获取许多关于自己的信息。因此，父母如果能在这一阶段正确行事，将会获得非常积极的结果。

※ 相信孩子非常聪明、能干、勇敢，并且坚持这样做；对孩子的现状感到满意——不在亲戚或熟人面前抱怨孩子在吃饭、睡觉或其他方面的不良习惯。尽管看上去孩子不知道大人在说什么，但其实一个敏感的孩子早在非常小的时候就已经开始建立自信和自尊了。

※ 要么夸孩子，要么别说话。

※ 耐心且严格地纠正孩子做得不对的地方，不能放任不管。

※ 如果孩子不喊、不哭、不无理取闹，而是以合适的方式索取某样东西，那就应该马上将这样东西给他；若孩子以恶劣的态度索取，就不要满足他的要求。

※ 只要条件允许，尽量保证规律的饮食和睡眠。

※ 在家中放一些书籍，并在孩子面前专注地阅读或翻书。

※ 和孩子做"将某物体放入另一物体，然后取出"的游戏。

※ 给孩子塑料杯、木塞或者塑料架，让他把这些东西堆在一起，搭成建筑。

※ 让孩子摸自己的鼻子、眼睛、耳朵、头发。随着孩子慢慢长大，教给他越来越难的人体部位名称，如手肘、膝盖、脚踝等。

※ 所有好学生都拥有会赞美他们的父母。当他们画出第一幅画时，拿起铅笔在纸上写字时，或是长时间专注地读一本书时，他们的父母总会非常欣慰地表扬他们。

※ 绝大多数在中学取得好成绩的学生，在3岁还未上学以前就已经体会到好的学习习惯带来的益处了，这些好习惯包括：阅读、专注、善始善终、自己的事情自己做以及开发自己的潜能。

※ 让孩子在地毯上、毛毯上爬行，并放上他想要抓住或放进嘴里的能

吸引他注意力的物品。

※ 重复孩子发出的声音。

※ 在孩子还是婴儿的时候，经常在离他30厘米左右的距离注视他的眼睛，朝他开朗地微笑，多和他说话，让他感受到温柔、甜蜜、喜悦、亲昵和愉快。

※ 在距离孩子30厘米的地方放置一面打不碎的镜子（直径最好为15厘米左右）。

※ 多叫孩子的名字。

※ 如果条件允许，改变摇篮在房间中的摆放位置。

※ 父亲或母亲将孩子抱在怀里走动，并使其后背靠在父母的胸膛上。

※ 将颜色鲜艳的物体放在孩子眼前，当他将注意力集中到其上时，慢慢移开物体，让孩子的视线追随物体移动。

※ 给孩子一样东西，随后要求他归还；如果他照做，就给他另一样东西作为交换。

※ 不要嘲笑孩子的错误，也不要让他在亲戚面前做滑稽的动作。

※ 所有父母都应发自内心地、真正地为自己的孩子感到骄傲；如果父母不能做到这一点，就应该努力寻找孩子的闪光点，直至找到为孩子感到骄傲的理由。每个孩子身上都有闪光点。

※ 尽可能多地给孩子列举物品的名称和种类。例如，在吃饭的时候给他列举诸如水、叉子、勺子等物品；同时，给他列举不同种类的事物，比如斑点狗、布列塔尼猎犬、卷毛狗、德国牧羊犬；柏树、杨树、圣栎树、栓皮槠、无花果树、苹果树；胡桃木、欧洲栗木、聚合木；大理石、花岗岩、陶土。

※ 将一个塑料杯倒扣，在其中藏入一颗鹰嘴豆或类似物品，将这个塑料杯和其他两个相同的杯子放在一起，在孩子面前变换三个杯子的位置，让他找出鹰嘴豆或类似物品在哪个杯子中。

※ 从孩子2岁开始，每次对孩子下两个指令。

※ 教孩子在插画中区分出（两三个）不同的场景和动作。

※ 教孩子区分大小。

※ 扔给孩子皮球，让他先用手回球，再用脚回球。

※ 虽然有些父母没有按照以上经验行事，但他们的孩子也可能后来居上；很多之前没有受过这种培养的孩子可以在长大一些后逐渐提高自己的成绩直至达到优秀。但是差别依然存在：尽管许多人为的技巧、手段可以让孩子在任何时候都取得进步，但比起依照以上经验顺其自然培养出来的好孩子，前者往往需要付出加倍的努力、精力，有坚定的意志才能达到目标。

孩子6岁以前，父母应该如何说与做

孩子 6 岁以前，父母除了要注意以上提到的，此时依然适用的一些要点外，还需注意以下几点：

※ 能在小学取得好成绩的孩子，在 6 岁之前，不论他们表达什么，谈论什么，什么时候表达和谈论，他们都会被倾听；父母会将他们看作是比实际年龄稍大一些的孩子来对待，会和他们严肃地交谈，听取他们的意见。尽管有时他们的意见并不可取，但是父母依然会给予重视。

※ 即便孩子说的话没实际意义，没重点或者没意思，也要尽量倾听他们讲话。

※ 让孩子以简要方式讲述看到的事情，比如一部电影、一部动画、一次公园参观，等等。

※ 让孩子讲故事。

※ 让孩子用不同的语句重新讲一遍相同的故事，比如可以让他给爷爷再讲一遍。

※ 让孩子指出相同的部分和不同的部分。

※ 给孩子制订几条规矩并要求他们遵守。这些由父母出于关切而严格

制订的规矩可以使孩子明白父母会对自己提出要求，比如不碰不该碰的东西，不去不该去的地方，不在不适宜的时间吃东西，等等。特别是在孩子3~7岁时，如果父母能严格要求他们遵从规矩，那孩子在青春期时性格就会更加温和，心智、社交、情感等方面就会更加成熟，同时他们也可以更加幸福。

※ 让孩子在白纸上临摹着画横线、竖线和圆。

※ 教给孩子什么是近景、中景、远景。

※ 教给孩子方位，并让他指出前、后、上、下、左、右各有什么。

※ 让孩子每只手各抓一个物体，判断哪个物体更重。

※ 做记忆游戏，让孩子看一遍一组卡片，将它们倒扣，让孩子记住可以配成一对的卡片。

※ 教孩子短歌、诗歌或其他短文，并要求他们背会。

※ 看孩子可以记住多少个连续的词语或数字。例如，跟孩子说一个数字，让他重复，之后不断增加数字的位数，看他能重复到多少位。

※ 教孩子记住父亲或母亲的手机号。

※ 教孩子完全、正确地写出自己的名字。

※ 教孩子画几何形状：三角形、菱形、正方形、长方形、圆形。

※ 每天教孩子6个常用单词，将每个单词用红色字体打印在一张纸上。如果孩子感兴趣，可以逐渐增加单词数量。

※ 避免过度学习（重复学习已经了解的知识），尤其是通过电脑、平板电脑、智能手机或类似设备学习。

※ 不只允许孩子创新，还要鼓励孩子创新。创造力是人类拥有的最重要的能力之一，我在《我们非凡的头脑》、《开发自身能力，活得更幸福》（该书曾获2013年"今日话题奖"）等多本书中已经谈过有关创造力的话题，也提出了一些有助于提升创造力的练习方案。除此以外，还有各种方式可以使孩子变得更有创造力。

※ 让孩子想3个动物，并以它们为主角讲一个历险故事。

※ 让孩子说出 10 种颜色，针对每种颜色说出 10 个在现实中不可能为该颜色的物体。

※ 让孩子为看过的动画片想两个不同于原片的结局。

※ 让孩子思考：如果没有双手，如何系好鞋带？

※ 让孩子设想如何用叉子画出一匹以橙色为主色的彩色的马。

※ 教会孩子善始善终。

※ 送孩子玩具。这些玩具不仅要安全、好玩，还要能够激发孩子的想象力；玩具的大小要适中，要让孩子在小的时候觉得它大，而在长大一些后觉得它小；它不仅要有娱乐功能，还要能教会孩子如何面对成功、接受失败，并使孩子明白成败并不只靠运气；玩这些玩具不能耗费过长时间，如果需要的时间很长，孩子要能在中途暂停休息。

※ 尽量少看电视，教育节目除外。比如纪录片，由已看过的插图故事改编的动画电影，没有涉及不良举止、低俗品味、负面情绪、暴力场景、缺乏教养等内容的动画片。

※ 鼓励孩子动手实验，并教他们在实验过后把东西收拾整齐、清理干净。例如，允许孩子用水彩在纸张、板子、盒子或塑料上涂颜色，但之后要把弄脏的地方擦干净——如果需要可以寻求帮助，并把弄乱的东西收拾整齐。

孩子12岁以前，父母应该如何说与做

孩子 12 岁以前，父母除了要注意以上提到的，在此时依然适用的一些要点外，还需注意以下几点：

※ 给孩子选择的权利，只要他做出的选择是明智可行的，就尊重他的决定，并教导他不论结果好坏，他都要为自己的选择负责。

※ 对孩子少些责备，多些赞美。

※ 给孩子提出要求，并相信他能够做到。

※ 教孩子区分别人是在请求他帮忙还是在命令他完成任务。

※ 教孩子收拾整理他们的房间或是别的地方，哪怕只是其中很小的一部分也行。

※ 告诉孩子我们知道他们是非常优秀的人。不仅要直接跟他们说，还要在别人面前这么说，尤其是在他虽不在场却可以听到你们谈话的时候。父母要保持积极的态度。这一点会在后面谈到。

※ 如果孩子某件事做得好，要明确表扬他；如果要纠正他的错误，也要尽量中肯、心平气和（手上不要有太多动作，不要长篇大论，不要有过多的面部表情，更不要表现出生气的样子）。

※ 孩子在场时，不要喋喋不休，要多保持沉默。

※ 把孩子的优点和长处列个清单，确保自己了解孩子好在哪里。

孩子18岁以前，父母应该如何说与做

同上，父母除了要注意以上提到的，此时依然适用的一些要点外，还需注意以下几点：

※ 相信孩子。如果他欺骗了你，那就纠正他的错误，然后继续相信他。

※ 不断完善孩子的优点和长处清单，直到上面的内容比孩子的缺点和弱点多。告诉孩子我们看到了他们的优点，比起他们的缺点，这些优点对我们来说更重要、更有价值。

※ 永远别说孩子"幼稚""胆怯""愚笨""轻率""糟糕透顶""不可信任""行为恶劣""什么都做不好""什么都不会做""是个麻烦"，也绝不要对孩子进行类似的批评。

※ 如果孩子考试不及格，永远不要对他说"你不是学习的料"（如果孩子没有努力，可以说他"没有好好学习"。但是许多时候孩子学习了仍

被这样指责，至少孩子自己认为他们是学习了），"你在学习上就是个废材""你以后可怎么办呢""你学习习惯太差了""就你这样，永远都不可能通过考试""活该你不及格""看你能不能吸取教训，好好学习""我那会儿就很努力""我学习也很费劲，但是就能通过考试"，等等。总之，父母不应说任何会表现出自己绝望情绪的话，也不应让孩子觉得父母已经或者马上就要放弃自己了。这样的方式不仅无法激励孩子努力学习，反而会让他们放弃学习。因为他们会觉得自己实在能力有限、缺乏毅力，已经没救了，就算努力学习也无济于事。

※ 少说教，多沉默。

※ 以身作则，为孩子做个好榜样。

孩子18岁以后，父母应该如何说与做

继续按前文提到的要求行事，并注意以下几点：

※ 告诉孩子他们可以自由地做决定，但是成熟的人要为自己的选择负责，承担自己的选择带来的后果。他们可以不学习，但是要清楚，如果这样做，他们也就选择了由此带来的生活，当他们30、40、50甚至60岁时，都要面对那样的生活。

※ 如果孩子打算从一条死胡同回头，一定要鼓励他。

※ 把事情说清楚，并相信孩子有足够的智慧和品质能够将事情做好。不论我们是否担心，该做到的他们总会做到。

※ 耐心等待，不要气急败坏。

※ 家长要沉着、冷静、审慎、和蔼，要明白这个年龄段的孩子的行为很有欺骗性，他们表现出无礼、烦躁、叛逆的态度，只是因为他们缺乏安全感，内心纠结痛苦，渴求得到帮助，并需要时间来理清思绪。

7. 作为孩子，他幸福吗？

亲子关系，你真的已经尽力了吗？

最能给父母带来慰藉的并不是孩子的成绩。孩子的感恩之心、知恩图报、苗壮成长给父母带来的快乐要多得多；孩子能够自由、善良、健康、稳重、快乐，并一步一步获得幸福，对父母来说才是最重要的。与这些相比，成绩就不值得一提了。

孩子们总会产生类似于"我的父母只看重我的成绩"这样的错觉，已经有不计其数的孩子这么对我说过了。尽管事实并非如此，但是很多时候看上去就是这样。因为有关学习的问题已占据了父母和孩子谈话及争吵的大部分内容，也成了父母最担心的问题。

或许是父母看得比较长远，当他们焦虑地谈论孩子的学习问题时，他们其实是在为孩子的幼稚、浮躁、轻率、懒惰、懦弱而担忧。然而，他们谈论的主题又无一例外都是各门学科、老师、考试、学习时间，还有学习成绩。此外，当谈到此类话题时，他们并无自信、耐心，也缺乏积极的态度，而是充满消极的情绪："不能再耽误工夫了，父母在学习上可没多少耐心，

每个学期都过得飞快。"但是要知道，除了学习、成绩、课程和生命，随着时间的流逝，父母和孩子的关系也在发生着变化。

孩子们总认为学习是最重要的，因为他们觉得学习问题对他们和父母的关系影响最大。随着在学习上失败经历的积累，他们会得出结论，认为每次挂科、不努力、不听从父母的话好好学习、为了成绩争吵，不只是学业的失败，还带来与父母关系的僵化。

父母会为孩子虚度光阴、碌碌无为、轻率幼稚的行为感到忧虑，他们试图督促孩子学习却总以失败告终。因此，他们也有了挫败感。这时，如果孩子再表现出叛逆的态度，父母就会更加焦虑甚至绝望，因而在孩子面前变得焦躁、易怒、气恼，从而使双方的距离越来越远。如此，情况变得更糟，父母和孩子的关系不可救药地朝即将破裂的方向逐步发展。父母会想："除非孩子愿意，否则一切是无法挽回了。"而孩子会想"我已经尽力了"，并将恶劣的家庭关系归咎于父母。

父母和孩子间的距离越来越远，他们各自黯然神伤，整个家庭都变得忧心忡忡。父母和孩子都希望对方能找到应对之法。其实，比起孩子，父母更应该在此时站出来解决问题，毕竟，他们更成熟、更强大，阅历也更丰富，而且，父母二人可以一起努力。

人际关系胜过最聪明的大脑

孩子在与别人的交往中逐渐了解了自己是谁、是怎样的人，在与父母、兄弟姐妹的交往中也更了解了他们是什么样的人。我们与他人的关系有深有浅，这要取决于我们与此人是否亲密，我们是否尊敬他、信任他，以及两人的关系是否积极而充满希望。

不论孩子多大年纪，都应与父母保持更为深入的关系，这点非常关键。这样的关系能够帮助孩子充分认清自身状况及自身局限——了解了这最基本的两点，才能更好地采取行动并改善自我。

为了达到这种深入关系，父母和孩子间的交流和沟通应更丰富、充实、理智、亲切。

人际关系，尤其是父亲、母亲、孩子的关系，给人的积极影响有时比最聪明的大脑对人的影响还大。因此，如果想让孩子取得好成绩，就应维护好这一基本的人际关系以及孩子的其他各种人际关系。

列出孩子的优点清单

我的很多经验都证明，父母常常比他们自认为的要更加消极。这一点我们只需听听孩子对他们的评价或者他们的自我评价就能了解了。

如果让父母谈自己孩子的状况，他们常会说出几条优点，以及更多的缺点。在孩子不在场时，我请父母说说孩子的优点，他们开始时还能肯定地说出两三点；但随后，就自然而然地、无意识地开始说孩子身上的一些瑕瑜互见的特点；紧接着，他们就开始谈论孩子最让他们操心的缺点了。

事实上，父母不见得真的觉得孩子身上的缺点比优点多，他们只是对孩子的不足过于焦虑，并担心这些不足会在将来带给孩子消极后果。糟糕的是，有时候他们也会在孩子面前表露出这样的态度，致使孩子觉得父母对自己的评价就是趋于消极的。我们应避免这样的错误。只有这样，才能更好地激励孩子，让他不断改进，变成更好的学生、更好的孩子和更好的人。

因此，在孩子不在场的情况下，父母应一起或各自列一个孩子的优点清单。在写出前5条后，继续往下写可能会比想象中要费劲一些。但是优点清单不写到20条就不可以开始写缺点清单。当父母写完这两个清单并确定优点清单上的内容更多时，就要确认孩子是否知道父母认为他们有这些优点——这些优点应该是孩子在自己也记得的某个时候曾经表现出来、能够被证明的一些优点。

要知道，在孩子面前表现出过分的焦虑并不能使状况有所改变。相反，如果我们相信每个人的优点都多于缺点，就能更有动力帮助孩子改进不足，也会使他们更有信心战胜困难。孩子凭借他们的勇气和获得的支持，或许还能将缺点转化为优点。

为了幸福而学习，通过学习而获得幸福

比起让孩子成为好学生，父母更希望孩子能获得幸福，并给他人带来幸福。但就我的经验来看，我认为并不是所有的孩子都理解这一点。

一个名叫克里斯蒂娜的女孩在 14 岁时对我说："我爸爸不在乎我是否幸福，他只希望我取得好成绩。"当她 17 岁时，她对我说："我爸爸希望我是个幸福的好学生。"当她以优异成绩完成大学二年级的学业时，她对我说的话变成了"我爸爸一直以来都希望我通过努力学习获得幸福"。其实，我们应确保所有孩子在 14 岁或是学习最辛苦的年纪都能理解这一点。

使用符合孩子语言习惯的表达方式

在与孩子的交流中，大部分父母还没有掌握正确的表达方式，孩子总是误解父母的本意。"你得好好学习"，在孩子听来意味着"你幼稚又轻率"，如果父母在平常说话时消极情绪多于积极态度，孩子这样的感受会尤为明显。"要想以后找到工作，你现在就必须更努力"，根据父母从事的工作以及他们对自己工作的看法，这句话对孩子来说也会有不同的意义。

因此，我们应保持乐观而现实的态度，向孩子解释清楚，当我们说不许做某些事时（比如不准和朋友出去玩），是为了让他们在之后能做更多、更好的事（例如，在取得好成绩后，在假期有更多的时间，更开心、满足、快乐地和朋友一起玩）。

> 为正确地表达语意，说话人应使用符合听话人习惯的语言表达方式，并给出可以被理解的、令人信服的理由。

人们只有有了远大的理想，才能更好地克服眼前的困难。我们要告诉孩子，许多成功的人也会害怕失败，但是他们克服了这一心理，并最终获得了成功。

情感沟通

为了帮助孩子，父母应和孩子进行情感上的沟通，尝试理解孩子的感受，理解其做法，以及他这么做的理由。

要和孩子站在一起，告诉他们我们和他们感受一样、立场一致，要和孩子心灵相通、想法相连。

如果孩子想要倾诉，就耐心倾听；如果孩子不想说话，就尊重他们的沉默。不论哪种情形，都要在之后表明我们和他们有着相同的感受，并在此基础上向孩子建议可行的道路和改变方式——可以将其引至成功的道路，让其拥有可行的改变方式。

要让孩子知道，在他们开始努力、取得进步、获得最初以及更多优异成绩的每一刻，尽管我们坐在家中的摇椅上，心却一直与他们同在。要告诉他们，看到他们的责任感和改变，我们感到非常骄傲。

如果我们无法做到以上几点，就等于在我们与孩子的感受、想法之间建立起了一座迷宫。如果孩子学习不好，他们就无处获得动力，也不知该如何摆脱失落情绪。自然，这样的情绪也会传递给我们。

因此，我们必须采取前面的做法。这之后，我们就只需躺在家中的摇椅上静观其变了。

8．决定性的一小步

学习问题源于学习方法，而非学习本身

我们可以认为世界上确有无法取得好成绩的差学生。但如果是自己的孩子学习不好，恐怕就没人愿意这样认为了。

不学习和不读书的人是因为不懂该如何学习和读书。他们因学习方法不对而不愿学习。

所有人都可以试着克服学习上的问题，因为学习中产生的问题并不是学生本身的问题，而是学习方法的问题。我们可以改正做得不对的地方并改进自己的学习方法。人类生来就是为了变得更加完美。只要我们有足够的渴望并知道该怎么做，我们总能不断改进并提升自我。

成功需要一步一个脚印

我在《你的孩子也能成为爱因斯坦》一书中的《有效启发孩子智慧的

方法》这一章节中已经阐述过这个问题。在生活和学习中，有两个公式需要我们时刻记住：努力＋需求＝能力；动力＋方法＝成功。

意志的力量可以帮我们达到目标，父母和老师也经常会说"你要更有意志力"。对于有失败经历的人，尤其是儿童和少年来说，"意志力"这一概念太过陌生、抽象、难以理解、没有效力了。实际上，要想达到目标，我们需要明确自身对于该目标的需求，并付出达到该目标所需的努力，这样，自然就会达到目标了。

　　目标的达到需要有合适、充分、长期的动机积累，而方法是完成每一个微小、简单、可行、可及的细节。我们就这样一步一个脚印地到达心中的目标。

如果没有动力，没有动机（没有激励，没有缘由，没有助力，没有鼓舞，没有陪伴，没有信心），就算道路再正确、方法再好，也难以到达既定目标。

我们常常会犯这样的错误：仅仅告诉孩子或学生他们应该去做什么，而不确认他们是否有足够的动机和动力去这么做。鉴于这一点在提升成绩和改善自我中的重要性，我将在专门的章节探讨这一问题。

至于方法，我们要明确该如何努力以及怎样迈出第一步。仅有动机是不行的，我们要做的还有很多。若我们有了足够的动力和兴趣，却没有相应的、正确的方法将之付诸实践，那我们就更易遭受挫折，也更易放弃。这样的经历更糟糕，当我们想要开始新的改变时会感到困难重重。

与此同时，如果我们仅注重方法，而忽略了动机和前进的动力，那么也是无法达到目标的。我们可能会知道如何寻求改变，却未能改变自己；我们也可能知道如何提升分数，却未能将其提升。

在生活中，动力和方法同样关键，根据每个人情况的不同，二者所占

比重可能略有不同，但在任何情况下二者都缺一不可。

关于动力和方法，我们要学习的还有很多。我们不应将一幅能够指引学生如何努力来提升成绩的地图和以下类型的笼统建议混为一谈——"好好学习""努力""坚持""加把劲""要马不停蹄地努力直到成功""现在可不是休息的时候""开始吧""加油""复习一下""要考得更好""别紧张""放松""在学习上投入更多时间""多做练习"，等等。这些建议没什么不对，但也没什么用处。动力和方法可能很难具体化，但是只要我们开始努力并迈出最可及、可行、容易、微小的最初几步，我们就可以开始改变；否则，看起来再容易可行的改变也不会发生——致父母，致老师。

让孩子学会独立学习的20个步骤

> 孩子要求父母在学校作业上给予帮助，主要是出于情感需求。

要求共同面对困难并不是孩子的任性之举，而是他们在面对可能出现的不理想结果时寻求陪伴的一种表现，又或者他们是希望父母能协助他们解决问题。总之，他们想要寻求帮助，在家庭的庇护下为他们之后需要在公共场合展示和维护的东西做好准备。随着时间的推移，孩子在做作业时积累起来的自信会成为他们尝试解决困难的必备素质。随着孩子逐渐长大，在面对越来越大的困难时，他们会越发感到成竹在胸。

有一点很关键，就是要在考虑周全的前提下，让孩子在做作业和学习时逐步减少对父母的依赖，并一点一点摆脱它。

孩子在做作业时想要父母在身边是一种天性，为此，他们会以做不好作业、做得很慢或是常常分心等做法让父母待在身边。与需要的人身体上的接近会减轻孩子的挫败感，这有助于他们更努力地学习，获取更多的认同感，并且不再感到那么无聊。如果孩子是和父亲或母亲一起学习的，当在学校没有取得理想的成绩时，他们至少可以确保父母知道他们已经付出了努力。但是不管怎样，为了让孩子更加独立、稳妥地完成作业，我们还是坐在自己的摇椅上就好了，不必离得太近。

如果在孩子做作业时我们就坐在他们身旁，靠得很近，近到能够把答案指给他们，无疑我们和孩子间的感情会越来越深，但是长此以往，孩子会越发幼稚，对我们的情感依赖会越来越深。此外，孩子也无法学会独立思考，不能建立自信。正确的做法应该是让孩子逐渐自立，例如：

(1) 我们坐在孩子旁边，告诉他答案在哪，并用手指给他，但是要让他自己将答案写在作业本上。

(2) 我们坐在孩子旁边，告诉他答案在哪，但不用手指给他，而是告诉他，"看，答案就在那儿，在右面这页的最开始"，或其他类似内容。

(3) 我们坐在孩子旁边，告诉他如何找到答案，并耐心观察他如何自己寻找。如果他寻求帮助，我们就再提供一些可以使他接近答案的线索，但不要告诉他确切的答案。

(4) 我们坐在孩子旁边，重复以上做法，但是离孩子远几厘米。

(5) 重复以上做法，离孩子再远几厘米。

(6) 站在孩子旁边，重复以上做法。时不时抚摸孩子的肩膀或头发，并和他说话。

(7) 和孩子在同一个房间，不管是站着还是坐着，都要做些什么，并和孩子说话，指导孩子自己找出答案。当我们觉得孩子已经确定答案了，就走上前确认一下。

(8) 重复以上做法，但是说话少一些。

(9) 说话再少一些。权衡所说的语句，让自己的提示更简练，尽量不带有感情色彩。

(10) 重复以上做法，在中间离开房间几秒。

⑾ 在中间离开房间两次，每次几秒。

⑿ 延长离开房间的时间，但是在房间外时要和孩子讲话。当再次回到房间时，抚摸孩子的肩膀或头发，并和他说话。

⒀ 只偶尔待在房间里，继续延长待在房间外的时间，并只在此时和孩子说话。

⒁ 和孩子说话少一些。当我们回到房间时，抚摸他的胳膊并和他说话。

⒂ 延长离开房间的时间，在离开后间隔较长时间再开始和孩子说话。回到房间后，从他旁边走过，但不抚摸他。

⒃ 开始时和孩子一起待在房间，之后就离开，在房间外待较长时间，逐渐减少和他说话的内容，最后再回到房间。

⒄ 开始时待在房间，当孩子准备做作业时，我们就离开房间，并把房门敞开，直到孩子来告诉我们他做完作业了。这时我们只需问他愿不愿意这样做作业（一定要问，如果他不愿意，就说明他还不习惯）。

⒅ 把房门打开到孩子觉得舒服的程度，让孩子开始独自学习。在他做完作业后我们要问他是否愿意一个人待着。

⒆ 关着房门或将其打开到孩子觉得舒服的程度，他在写完作业时会叫我们。

⒇ 孩子说"我要开始做作业了"，父母说"非常好"，并且直到他完成作业，这之前不再过问更多。尽管这种状况看起来不太现实，但确实会发生。

　　总之，我们可以参照以上步骤或者其他模式让孩子逐步适应独立学习，而不使一切变化太过突然。就好比我们在教孩子游泳时，不能一下子就把他扔进泳池，最开始总要有大人在下面接着才行。不论孩子是小还是大，是 5 岁还是 18 岁，要记住，在教育中，任何年龄都是开始学习的理想年龄，晚学永远比不学好。

并不是每个父母都适合给自己的孩子当老师

我们可以适时给自己的孩子上一课。例如，给孩子解释他们所不理解的某些事情，引导他们解决突出问题，教给他们如何面对充满难题的考试，等等。父母给孩子上的课由于其特殊性，总是事半功倍。

然而，如果父母扮演起老师的角色，把孩子变成学生，那这样的授课总会以一种可以预见的紧张态势结束，对双方一点益处都没有。因为孩子会觉得在这样的关系中无法好好努力、无法专注学习，不会有好的结果，因此就失去了动力。父母知道孩子所有学习上的过错和欠缺，也知道他性格、为人上的不足，孩子的缺点完全暴露在父母面前。因此，在父母开始给孩子上课时，后者就会做出叛逆的行为，展现出不开心、不耐烦或是难以忍受的表情以求自我保护。尽管父母很努力，但是当他们看到孩子用挑衅、神经质、麻木的态度表示反抗时，难免会感到失望。

面对孩子的学习成绩，父母和老师所扮演的角色完全不同，我们最好不要让教师角色侵入家庭关系中。我们应该保持家庭生活的轻松氛围，不应让其充满紧张气氛。除非孩子主动要求，否则，一个兼有教师角色的父亲是违反常态的，并且无法达到教育孩子的目的。对于孩子来说，任何考试、学习和成绩都无法补偿将自己的无能为力、笨拙和无知完全暴露在父母面前所带来的伤害，他们其实非常想让父母对自己有积极、正面的评价。孩子会试图打破任何可能让其遭受冲击的状况，并且他们也做到了。

一些家长可能恰好是孩子就读学校的老师。有过此种经历的家长都会知道，这种情况并没什么大不了，只要能在孩子的同学面前保持威信，让孩子感到自豪而不是难堪就行了。但是在学校和在家中情况是不同的：在学校里，孩子的某个老师可能是他们的父亲或母亲（可以累加）；但在家里，父母则不能扮演老师的角色（需要去除）。

然而，如果孩子希望父母作为老师给自己上课，父母也恰好可以做到，那么这种做法也未尝不可，我们只需留心孩子自主性的培养就可以了。说

到底，如果孩子能够向父母寻求指导而不介意他们发现自己的缺陷和不足，一般来说，孩子应该已经形成一定的人格并具备一定的自主性了。

我们都可以提高成绩

很多人都认为提升成绩是一项艰难的任务。实则不然。差成绩确实会带来严重的后果，而恐惧和焦虑会促使人们认为后果一旦变得严重就很难再做出改变。实际上，只要我们能够采取适当的措施，就可以将差成绩变成好成绩，这比我们想象中要容易得多。但如果我们只采取了一些措施而忽略了另一些，结果可能会不甚理想。可如果我们全心投入，一步一个脚印，从最可行的地方开始努力，那么，总有一天我们会提升自己的成绩的。因为差成绩——之前我们已经提到过了——只是一种结果，只要我们解决了导致这一结果的罪魁祸首，那差成绩也就会随之不见。

要想提高成绩，我们只需开动大脑、全心投入。我们都可以取得好成绩，只要我们下定决心并开始努力。

我数以百计的学生都可以证明这一点。成绩差并不能说明学生差，学生们的实际情况总要比成绩反映出来的情况优秀一些。改进成绩可以比改正缺点还容易，但是在开始时孩子们需要大人，尤其是至亲给予他们一定的助力。如果孩子敏感、情绪化并且非常聪敏，那他所需的助力就更大。关注孩子的人越少，我们越应给予他们更大的支持。

不论何时，父母在孩子的教育中都起着至关重要的作用。在孩子对学习产生兴趣前，老师帮不上多大忙，这就给了父母更多的时间。此时，孩子会明白父母之于他们的重要意义。因此，在面对孩子的学习问题时，父母不应感到绝望。即便坐在摇椅上，父母也应采取行动，教给孩子该如何行事，并且任何时候都不应夸大差成绩所带来的后果。

提升成绩可以比想象中快得多

在我印象中，第一个来到我的咨询中心请我出谋划策，以帮助他高效学习、花费更少精力取得更好成绩的是一个名叫大卫的学生。在他和他的父母来找我咨询之前，我并不认识他。

在和大卫的父母谈过之后，我和大卫又单独聊了一会儿，并约好一星期后再见。在我们第二次约见，我和大卫的父母单独谈话时，我还没来得及问大卫的近况，他们中的其中一人就说："虽然不知道那天您和大卫说了些什么，但是他现在简直就和变了个人一样。"

这次经历使我明白，即便一个人长期处于失败的状态，他也有可能在很短的时间内发生改变。大卫仅仅用了20天就在所有考试中取得了及格的成绩——这是他在之前的3年都未能做到的；用了45天就得到了史无前例的3个"优秀"；两个月后就取得了"优秀"的综合成绩。我所做的只是教给他方法而已。他是真正的执行者：咨询、倾听、着手、坚持、努力、成功。

起初我以为大卫在决定找我咨询、听从指导时就已经开始改变了。随着时间的推移和经验的积累，我发现情况并非完全如此，他的改变既不开始于决定向我寻求帮助时，也不开始于我们第一次谈话时，而是开始于我们在第一次会面中思想相通时，开始于我们逐渐信任彼此时，开始于我们互相需要时——当我们的思想联结在一起，他的成功也就变成了我的需要和渴望。他决定倾听并接受帮助，这是他最重要的品质。

> 很多人有自己的学习方法。真正会学习的人会听取他人的指点。

大卫决定改变，并将之付诸实践。他知道该如何迈出第一步。

　　鉴于人类拥有的智慧，改变可以很快发生。只要我们知道正确的方法，就可以取得进步。我们不必再理会之前那些失败的过往，因为那时我们还不懂该如何获得成功——要想获得成功，我们需要明白该如何迈出可行的第一步。这一步很小、很容易，但又很大、很关键，因为这微不足道的一小步是我们即将开始的改变的根基，这一小步将给我们带来快速的改变。这些改变积少成多，最终使我们看到显著的成效。

　　在大卫决定按照我的方法开始学习后，他仅用20天就在考试中取得了及格的成绩，仅用45天就取得了优秀的成绩。

　　自大卫之后，我就试图对所有向我咨询该如何提升成绩（这总是可以实现的）的学生采取相同的做法。只要让学生明白我知道该如何取得好成绩，那剩下的事情他们自己就会完成了。

9. 如何获得必要的动力

父母应该怎样给孩子动力？

如果努力学习是一件令人愉悦的事情，那么人们就会更有学习的动力，而这样的动力反过来又会使得学习变得更加高效和令人愉悦。

"动力"这个概念我们已经非常熟悉了，这个词随处都可以听到，它贯穿了我们生活的许多方面：职场中，"我们应该激励一下员工，让他们更有动力，从而提高效率""执行官应该让发展公司充满动力"；人际关系中，"我并没有足够的动力去爱某人""看到他这样，我就失去动力了""不知道为什么，我一点儿动力都没有"；学校中，"好的老师应该能让所有学生都充满动力""学生要自我激励，充满动力地努力学习""父母要鼓励孩子，给他们动力""老师们看了工资单和测评表，就一点儿动力也没了"等。然而，实际上我们对动力的了解却没那么透彻，我们或是对其有所误解，或是未能将其应用到日常实践中的各个领域。

"获取动力"并不是指由他人给你勇气或对你进行动员；也不是指不

断高声重复充满激情、铿锵有力的口号，这并不能使你摆脱因多次失败而产生的心理阴影并重新找回力量。"给他人动力"也不是指对某个自认为不会学习也不适合学习并因此而不想学习的人说："加油呀，努力吧，我们希望你能好好学习。只要你努力，一定会有好结果的。"因为并不是努力就会有好结果，我们还需要足够的动力和正确的方法。没有这些，努力的结果依然是失败，而且会给我们留下更大的心理阴影。

要知道，当一个孩子说"我不想学习，一点儿也不想，我过一会儿再学吧，我并没有学习的意愿，我不喜欢学习"，他实际上是在想："我一点儿学习的动力都没有，就算再努力我也不一定能取得好成绩，我真不是块学习的料。"

如果我们不了解别人的意愿，也不确定他是否知道该怎么做，就盲目鼓励他去做某件事，那我们有可能会将其引至更加惨痛的失败。如果是在学习上，就会使学生离好成绩越来越远。这种做法容易使学生自暴自弃，滋生失望情绪，产生逆反心理，并在家中与父母对着干。

真正的动力来源于正视自我，了解自我，了解自己的大脑、水平和天资。要明白没有什么是命中注定的，只要我们充分发挥自己的天资和才能，加上父母的支持，那么一切都可以发生改变，我们完全可以选择自己的人生道路。我们的智慧体现于我们的品格、才干和诸多长处，我们可以倚仗它们逐步学会该如何学习。

我们只需在一天按照正确的学习方法来学习：今天。而从今往后的每一天都会变成一个又一个的今天。父母要教给孩子如何迈出最微小、可行、容易的第一步，如果有需要，就将这一步的步幅缩小再缩小，直到孩子确信自己能够成功地迈出这一步。

我们只要在父母的鼓励和支持下，在愉快的氛围中开始努力学习，就可以更加从容地面对未来随时到来的各科考试，这比我们在真正开始努力之前所想象的要容易得多。

我们只需踏上征程。当我们胸有成竹、满怀信心、对自己的优势有着清醒的认识时，未来的成功就是我们的囊中之物。对自己优势的清醒认识，就是我们获取动力的源泉。

父母应该坚信改变确实可能发生在孩子身上，坚信孩子可以取得好成绩，而不应再对孩子说类似的话——"你能行的，快给他们看看你的厉害""现在你该改变了""我（或是你哥哥）就曾做到过""如果你无法取得好成绩，那你就将一事无成""就算费劲，也要拼命学""我也不是块学习的料""你真是让我们操碎了心""你的成绩让我们很恼火""你没救了""你真是笨死了""你的成绩简直惨不忍睹""你太懒了""你不是块学习的料""你这次肯定能考好了吧""我知道你要开始努力了""这次的考试非常重要"，等等。

相反，父母应充满信心，保持积极态度，不断自我激励并鼓励孩子，在保持必要指正的情况下，多赞扬，少批评，对孩子多些耐心和关心，多给孩子些时间，表现出对孩子更大的认可，并积极采取我们将在后文中提到的一切有助于孩子进步的措施。

动力可以很快蔓延

当一个人开始努力时，效果并不会立竿见影，这时他需要用更加坚定的信念来支撑自己。

在一个人开始改变的初期，结果可能依然不甚理想。这个儿童、少年或青年，可以选择一门他不擅长却最吸引他或是他最想取得好成绩的科目、两门相对容易的科目以及一门内容很难但是老师很和蔼（经常微笑）的科目，来开始改变自己的学习态度和学习方法。

不久，他可能就会在之前并不擅长的科目中取得 7 分的成绩；再过一段时间，就可能在另一门相对容易的科目中取得 8 分的成绩。尽管他还需要两个 9 分来完全确认自己已取得了进步，但是此时改变已经是一发不可

收拾了。他不再需要外界的认可，他只需凭着成绩单获得自我认同，获得父母的鼓励和认可，他已经成熟了。而他获得的成熟、动力和掌握的方法，会与他本身具有的品质和智慧相结合，从而使他变得无往而不胜。

此时，动力就会开始蔓延。大人们，尤其是家长就会放松下来，变得不再那么焦虑，他们会更有信心、更加乐观，对孩子的成功充满更多期待。孩子会觉察到这些变化。另外，孩子可能之前就与一些老师相处融洽，却无法在他们所教的科目中取得理想的成绩，而现在，他们也能感受到老师投来的褒奖的目光。与此同时，智慧的增长、目标的达到、情感的抚慰和自信的提升，这些积极的方面联合起来，会给孩子带来更大的动力，使他们不再厌烦学习，因为他们已经尝到学习成果带来的甜头了。

从这时起，学生才真正开始相信改变是有可能发生的，并认为自己已变得不可阻挡了。对成功的渴望加上越来越高效的努力，会使他以势不可挡的方式发生改变并达到目标。

许多人都有类似的经历，他们在考试中经常挂科，却在某次考试时突然取得了好成绩，从此以后，他们的成绩就越来越好。这是因为自我激励带给人的动力远比刻苦努力带给人的动力大得多。正因为如此，最开始的一些微小改变也值得我们为之兴奋鼓舞，因为它们会帮助我们加速前进。

不要在意舆论

偶尔的失败是必然的偶然。

当我们犯错，尤其是在公共场合犯错时，尽管舆论压力和我们对尴尬处境的恐惧会使我们的自尊心受到伤害，但是我们可以从所犯的错误中学到许多东西，我们也要借此更加了解自我。不管他人有何看法，我们都要认可自我，并通过这种方式使失败的阴霾尽快散去，使失败对我们造成的影响越来越小。我们要尽快重振精神，并杜绝再犯同样的错误，从而避免再次陷入相同的失败处境。如此一来，我们在生活中所犯的错误就会越来越少，我们会变得越发审慎而明智，他人的看法对我们来说会变得越来越无足轻重。

我们会慢慢意识到，错误总是有可能发生的；我们将能够自主做决定；我们会更加自由；我们会明白不应去评判他人的错误和失败；我们会变得更加公正，这时的我们就更加明智了。了解自我可以帮助我们更好地了解他人，使我们变得更加善解人意，更加懂得如何去爱。

要想取得改变，我们就要学着忽略那些并不熟悉我们的人对我们的评价；我们要更加依靠那些赏识我们的人，那些并不介意我们的失败的人，那些最重视我们的人，那些最了解我们的人，那些在我们学有所得时最感到欣慰的人，比如，我们的父母。

从即将到来的那个下午开始

> 凭借我们的智慧、努力、坚持和梦想，在一学期内提升成绩并不是不切实际的想法。现实是乐观的。悲观主义没有立足之地。

认为自己永远无法改变，认为自己无法做到他人凭借才智和好习惯可以做到的事情，认为自己无法养成好习惯，并因此屈从，这些都是自欺欺人的想法。

再现实的人也会抱有希望。除了相信自我，我们还应有其他现实的信仰。如果仅仅怀有渴望，那我们可能无法实现目标；但如果我们能尽自己所能，开始朝着目标不断努力，那改变就是可以期待的。只要我们从现在做起，从可行之处做起，那我们就有希望实现彻底的改变，并获得提升。我们只需着手学习，而不用想要学得多么透彻。从现有的学习资料开始学

起，逐步脱离资料，对学习产生兴趣。从今天做起，从在一节课上专注听讲做起，从在半个小时或 20 分钟内集中注意力做起。不要一门心思想着考试那天的事，而要从即将到来的这个下午开始做起，努力学习。

这样一来，希望完全可以转变为现实，期待改变也不再是不切实际的想法。比起认为任何事都无法改变的想法，前者甚至更为现实一些。

第3章

提升成绩：一些具体指导

我想要努力学习。我已经决定了。

但请告诉我该如何起步。

我想从头开始。

在与威廉讨论他的学习问题的两天后，

他从微信上给我发来这样的留言。

我迅速回复了他：

只要你想开始，我就可以帮助你。

我会告诉你最关键的要点是什么。

10. 学习也需要热身

10个小步骤让你做好学习热身

让我们开始努力学习吧。不论是否知道该怎么做，也不论是否知道该从哪里获得力量，我们都应对学习充满渴望。曾经有很多次我们已开始努力了，但是没有获得成效。这次我们要下定决心彻底改变了。

在着手学习前，我们首先要在思想上和情感上做好准备。最好是把这些准备工作作为学习的一部分。要知道，任何运动员都不会在不做热身的情况下进行高难度的运动。

我们需要"拉伸肌肉"：在记忆、专注力、动力等方面做足准备。为此，我们需要：

(1) 准备好学习材料。

一般准备半个小时的量就可以了。

(2) 把书籍、教案或其他材料翻至我们将要开始学习的那一页。

(3) 找一张草稿纸，在上面写 4 个 2~3 位的数字（如 75、13、194、50）。

写好之后就不再看它们，并将纸倒扣过来。接下来就要准备记住这 4 个数字。我们每次只有半秒钟左右的时间能看数字并尝试记住它们。如果条件允许，由他人来准备这 4 个数字，效果会更好。不论哪种情形，每组数字最多可以作为学习前的准备练习使用 4 次。通常，我们会把开头和结尾的数字记得更牢，对于中间的数字则记得没那么清楚，我们的记忆可能会将它们与其他数字混淆，或将它们篡改成其近似数值。这样的结果还是比较理想的。为了使这一练习更有效，我们最好只看数字半秒左右，不要花费太长的时间来记忆，因为我们的目的并不是记住这些数字，而是要训练快速记忆的能力。

⑷重复以上练习，但是将数字换成 4 个由 3~4 个汉字组成的词语。

要尽量找 4 个词性不同并且互相之间没有关联的词语，这组词可以包含动词、名词、形容词、代词、副词，等等。不要按照逻辑顺序排列词语，也最好不要找能搭配成易于记忆的词组的词语，例如：浅绿色、三角形。如果 4 个词语能满足以上条件，那就最理想了。如果觉得这样的要求太复杂，也可以随机找 4 个词语。这里我举一个较为理想的例子作为示范：浅绿色、曾经拥有、看那里、突然间。

⑸ 注视一个不超过 1 平方厘米的点，眼睛与点的距离可以根据自己的喜好调整。

在做这一练习期间，我们可以说话、移动、笑、眨眼，但无论如何在至少 2 分钟的时间内都不可以将视线离开这一点。患有多动症、难以集中注意力或缺乏专注度的人可以根据自身情况适当调整练习的时间，并尝试逐步延长时间，直至能够持续注视某一点 2 分钟。

⑹目测房间内长方形或者正方形物体的面积。无须验证我们目测的结果是否正确，只要做这样的练习就可以了。

⑺两个数两个数地从 3 默数到 15，然后三个数三个数地从 11 默数到 2。

⑻在脑中想一个认识的人的姓名拼音，不要将它写出来，数出拼音里包含几个声母和几个韵母。

（9）开始看我们将要学习的材料。注意章节标题，不断翻页，只看标题，一直翻到我们要学习的主题或单元结束的那一页。

⑩ 在看过各章标题之后，设想一下每章的主题是什么，这些主题对我们有什么用；如果想象不出来，就想想这些主题对别人会有什么用；如果还是想不出来——这也是有可能的——就花一两秒想想这本课本、这个教案或是这份材料的作者为了让我们学习而写这些主题的情景。

完成以上步骤，我们的准备工作就完成了。做这些工作花不了我们多长时间。随着习惯的养成，我们在准备工作中花费的时间会越来越少。

努力过后再评判，而不是努力之前

从根本上来说，决定我们到底要不要努力学习的人，是我们自己。大部分人都可以开始行动，强迫自己坐下来，拿出学习材料，努力学习并参加考试。但是，只有我们有了强烈的愿望，并且聚集了足够的力量，我们的大脑才能开始钻研、记忆。

你可能常常会想："就为了获得一个既不出众也不令人满意的及格的成绩，投入那么多精力，付出那么多努力，真不值当。"这样的想法提醒我们，一个人的学习态度也是和其成熟程度相关的。对学习的抗拒是我们的自然反应，我们会不自觉地抗拒困难、抗拒努力，在困难重重时这样的抗拒情绪会更为明显。

在奥运会的马术比赛中，即便是经过多年悉心照料的、训练有素的、最优秀的马匹，在比赛关键时刻面对障碍物时——哪怕它此前已跨过一些障碍——也会突然产生要停下来的冲动，而将自己的骑手（就像我们的大脑、我们的父母和未来）弃之不顾。马匹（就像我们厌倦了努力和平庸成绩的身体）好像在想："我必须得越过这个障碍物吗？不能绕道而行吗？"当它抱有这样的疑问时，连在电视机前观看比赛的我们都可以看出它产生

了想要放弃的念头。此时，骑手会给予它坚定的鼓励，最常用的办法是用靴子的后跟踢它。骑手并不请求它，而是以命令的口吻强制它："跳！别犹豫！"如此，马匹就乖乖跳跃了。

所有努力学习的人都会有类似的经历。冷静地思考一下，我们就会发现自己还是想要克服这些困难的：如果我们能学有所成，就可以拥有稳定的生活，改善经济条件，获得尊敬，得到家庭的宁静，等等。但当真正面对困境时，本能会很自然地促使我们停止前进，阻止我们去直面困难。"如果我就此打住，不去面对这一切，结果会怎么样？会发生什么？"如同马匹一样，我们会产生这样的想法。面对这个问题，我们必须说："实际上什么都不会发生。公众不会感到惊讶，虽然公众的看法对我来说很重要，但我并不认识他们，他们也不了解我。'骑手'（我的大脑、我的父母和未来）或许会反对，但随着日子一天天过去，他们对我的爱迟早会让他们原谅我。如果我就此停住，不去跨越这道坎，充其量也就是在一次比赛中没有成绩罢了，不过是一次奥运会而已，以后可能还会有其他机会的。"但此时，"骑手"会激励我们，我们来不及思考太多，在我们似乎马上就要停下来的时候，我们的想法急剧转变，我们的身体仿佛不受控制似的高高跃起，跨越障碍。

不论我们是否直面困难，我们都依旧是我们自己。就算我们回避困难，这也没什么大不了的。但如果我们能去努力克服它，那这无疑会使我们欢欣鼓舞很长一段时间。尤其是当我们对自己所面对的困难有了更全面的了解后，我们可能一生都会为自己当初的选择感到庆幸。

如果能够抛却恐惧和自我怀疑，我们可以克服任何困难。我们现在没有必要考虑自己是否有足够的资质，把这问题留到我们克服了困难并获得了自己人生的奥运金牌、银牌或铜牌后再考虑吧。到那时，我们会有更清晰的答案。

让我们从日常练习和积累做起，从简单处做起。我们要从一切简单易行的努力开始。不必着急，我们拥有足够的时间。只要我们最终能克服困难，赢得奖牌和成就，那我们究竟是赢在这一届奥运会还是赢在下一届奥运会并不重要。不要着急，不要怀疑，也不要等到确定会有好结果时才行动。不要有太强的目的性，只要开始努力就好了。当我们面对困难时，不要想它是否值得我们为之付出努力，在克服它之后再去思考。现在只要努力就好了，之后再去探讨是否值得。在努力过后再评判，而不是在努力之前。

11. 如何利用课堂时间

利用好最初10分钟和最后10分钟

许多学生都会觉得跟不上课堂节奏，它或是太快，或是太慢。不论哪种情况，学生在绝大多数时间里都会想："好吧，回家以后我大概能更好地理解这部分内容。"确实，在回家之后——更有安全感的环境，可以自己一人安静地学习或是有他人指导；有更多的时间——一切看起来都变得更简单、更从容。没有老师在旁边说教，也没有同学在旁边评价。大家都认为在课堂上我们应尽量避免出错，应努力控制局面，但很多时候即便是大学生也会对其失去控制。从开始上课直到下课，我们往往会感到对课堂缺乏控制力，并希望尽快渡过意外状况。

之所以会出现这种状况，问题并不在于老师或学生，而在于我们的学习体系，是我们的评价方式、授课方式、组织方式和学习方式出了问题。我们现在的学习体系还有着过去的影子，学生去学校是为了记笔记并把它们带回家，大多数时候他们在回家后才开始琢磨笔记上的内容，学习笔记上和书本上的知识，以求逐步理解需要掌握的要点。这样，他们就可以回到"战场"——课堂，并在测试中为自己的荣誉而战。

以上情况或者与之类似的问题从过去一直延续到现在。正因为如此，所以学生常常认为家里才是努力学习、掌握知识的场所，在课堂上只要避免失败就可以了。

事实上，若要提高学习成绩，学生应从提升课堂效率开始做起——课堂才是一切开始的起点。我并不是要建议学生"充分利用课堂时间"，这样的说法太宽泛也太抽象了。充分利用每堂课、每一分钟、每天、每门课程？这样的学习要求，学生恐怕很快就会畏惧了，他们会想："我肯定做不到，这样的话我早晚得崩溃。"这样的建议就和对他们说"要好好学习"一样没有实际意义。

由于提升成绩是从提升课堂效率开始的，因此我们将从最简单易行的地方开始给出如何提升课堂效率的具体建议。我们应培养一些好的课堂习惯，例如在上课的最初10分钟和最后10分钟注视老师，或注视想要将注意力集中于其上的地方。举个例子，如果老师在口述一些内容，就将注意力放在笔记本上，还有书本、黑板，等等。

从利用好课堂资源开始努力是非常有效的做法。一名学生在日常课堂上的表现往往能够反映在其成绩单上。尽管情况也有例外，如果一名学生在课堂上投入了足够的精力，却因为钻研不够或考试模式的问题而未能取得好成绩，他也依然可以从继续提升课堂效率开始做起，努力提升成绩。

课堂上与老师互动的6个小窍门

在上课以前，我们必须要明确几个事实：在学生成绩单上打分的人是老师。在老师的脑海中已经形成了对每个学生的不同看法，比起考试，这些看法更多是在平常课堂上形成的。

　　如果我们在课堂上能学到更多东西，那课后的学习就会轻松一些。在课堂上不努力，到家后再去面对成堆的问题和困难，这样的做法实在不大明智。我们应将努力分散开来，即便在家中需要努力更多，在每堂课中也要付出一点努力。

　　在课堂上学生会持续向老师释放某种信息。这种信息会向老师传递他在做些什么、在学习什么，会告诉老师他的态度如何、状态如何，对老师、科目以及所学内容的看法又如何。这是不可避免的。与此同时，老师会记住这些信息，在收集1~2个月的数据后，将它们综合分析，形成一个分数。

　　为了能向老师传递更积极的信息，并开始我们在课堂上的改变，我们可以：

　　(1)注视老师或注视他希望我们注视的地方。

　　保持10分钟就可以，即便中间有点走神，只要不被发现就好。一开始佯装专注有助于我们逐渐专注起来。

　　(2)摆放好老师在我们桌上应该看到的东西。

　　如果老师应该看到课本，就摆好课本。课桌上只摆最重要的东西就可以了，但课本和笔记本一定要在，而且要将它们翻到老师正在讲解的地方，或是老师希望我们做练习的地方——不论有没有做，都要翻到那里。

　　(3)保持良好坐姿。

　　(4)不要让老师听到窃窃私语。

　　如果老师在讲课期间听到某个学生和其他同学窃窃私语，就会想："这个学生没有听讲，大概是因为我讲得不清楚吧，没能吸引到他的注意力，又或者是他根本就不想听讲，他可能并不在意这门课，所以并不上心。"这种时候，如果老师没什么自信，他就会想："我这节课讲得不太好，没发挥出水平。"他会觉得必须在学生面前树立威信，而以强硬的态度纠正学生的做法，并在打分时将该学生的不良态度考虑在内。如果老师很有自信，那他大概会想："看看这个学生是什么态度！这个知识点这么重要，不掌握的话考试都及格不了，他倒好，一点儿都不上心，到时候就等着自食其果吧。"因此，我们要尽量避免让老师听到我们的窃窃私语，要让老师对我们形成正面的看法，要让老师认为我们在听他讲课（如果可以的话，尽量真正专心听他讲课，并在其中找到自己感兴趣的内容）。

(5) 为了成绩努力。

认真听讲几分钟，并提出与讲课内容有关的问题，最好是稳妥一些的问题。有时候我们问的问题可能不太有深度，或是有些不合时宜，有的同学会发出无聊的笑声，但即便如此，只要我们是严肃认真地提出问题的，老师就会知道我们起码在认真听讲。

(6) 在记事本或笔记本上记下老师留的作业和相关要求。

不管完成好坏，都要按时将所有作业整洁地交给老师。

让我们从在每节课上做到以上6点开始做起。如果想取得5分以上的成绩，在每堂课开始的时候我们都要提醒自己注意以上6个要点。如此一来，老师就会看到我们在认真听讲。对于老师来说，认真听讲的就是好学生，如果他把知识点解释清楚，那么这些学生就可以取得好成绩。做到以上6点，我们就可以在所有课堂和课程中给老师留下好的印象，这样，在还未开始学习以前，我们就已经赢在起跑线上了。

大胆地思考与联想，会事半功倍

除了以上关于与老师互动、改变老师所见所想的建议，我们还可以采取以下两种可以在课堂上实践的做法，它们对我们之后的个人学习也会有所帮助。这两种做法不会涉及太多与老师的互动，但是老师依然会对其有所感知并留有印象，它们是：思考与联想，以及做笔记与检查。

当老师在解释或教授一些我们并不十分感兴趣的内容时，我们可以联想他的话语中所包含的意义，将注意力放在想象上面，并以此避免无聊。不要去注意老师穿着什么衣服或是做了什么动作，而是试着在头脑中构建

他所描述的情景。此外，在此过程中不要忘记保持眼睛注视着老师。例如，如果老师讲到"在滑铁卢战役中，有超过 41000 名法国士兵失去生命"，我们就可以想象那场战役的情景，想象死去的战士们脸上的鲜血，想象他们的家人在得知他们不会再回家时的心情以及抛却悲伤重新开始生活的情景，等等。

如果老师讲到"原子包含一个致密的原子核及若干围绕在原子核周围的电子，电子间通过电磁力联结在一起"，我们可以想象自己是一粒电子，想要脱离原子核以及其他并不友好的电子，但是电磁力——一种我们无法控制的力量，将我们与我们那些不友好的伙伴吸引到一起，我们试图逃走却无法做到，我们别无选择地与其他和自己完全不同的电子联结在一起，没人乐意，但也无能为力，甚至无法求救。

当我们回到家再复习起这个课题时，会更容易地想起所学的内容。我们之前的联想会帮助我们记住许多在课堂上发生的事情，比如老师讲课时的动作和说话方式，以及老师对这一课题的解释，这样一来，我们要想记住这部分内容就更容易了。

做笔记与检查，打下过硬基础

在课堂上时，我们除了思考与联想老师所讲的内容，并注意与老师互动需要留意的 6 个要点，还可以——如果老师也赞同的话——记下我们认为最重要的内容（不论它们是否真的重要，只要我们认为重要就可以了）。根据自己做笔记的习惯，可以选择用笔记本或是活页纸，并配以标注，突出重点。

要记住，在进行联想的时候，为了不让老师误以为我们走神了，最好注视着老师的眼睛。在下课之前，再与老师进行一下眼神的交流，并检查一下所做的笔记。

在我们翻看自己所做的零星的或是密密麻麻的笔记时，除了眼前看到的内容，我们的潜意识还会帮助我们回忆起当堂课上的其他内容，并将它们与其他节课、其他科目的内容，甚至与我们的课外经历以及所有有关该课题的联想都联结起来。这样一来，我们就开始了学习的过程。做笔记并检查笔记，可以帮助我们理清思路，使我们在开始的无意识阶段打好基础。这会让我们在开始学习后速度更快、更易上手，让我们之后的学习效率更高、事半功倍。

12. 学会阅读，高效阅读

警惕：阅读的坏习惯

绝大部分无法取得理想成绩的学生都有阅读障碍。这一点可能连他们自己都没有意识到。他们在之前的阅读学习中养成了坏习惯，并一直将它们延续，这些坏习惯通常体现在：

(1)阅读速度很慢。

他们花费很长时间学习的某一内容，其实根本不需要用那么长时间就可以掌握。

(2)经常需要重复阅读，因为他们总认为自己漏掉了某部分重要内容。

这会造成专注度的下降、兴趣的缺乏以及信息的遗漏。这一坏习惯与前后两点坏习惯都有关联。

(3)不理解所读内容，或无法提取关键信息。

这会使得学生无法理解所学内容的重要性，或在考试中忽略了答题要点，使考官认为他并未掌握关键内容。

实际上，只要在小学阶段，也就是在孩子 10~12 岁前，能引导其学会正确地阅读、感悟、思考、计算、创造和表达，那就可以保证他在之后的中学和大学学习中获得成功。

至于其他知识，孩子可以在以后慢慢获取。他们甚至根本不需要记忆，只需学会如何在信息日益丰富的网络上找到相应内容并判断其真假和重要与否就可以了。假使我们能这样做，那基本就可以彻底避免学业的失败了。但我们并未这样做。那么，在学业失败的时候，我们就必须得去努力学习如何提升阅读能力，如何更好地传递我们的想法和感受。

提升阅读能力

阅读就是要理解文字或图表所表达的内容。此外，我们也要学着提升理解各种动作和信号含义的能力，这在日常课堂上是很实用的技能。高效阅读就是指能用较短的时间，花费较少的精力，较为容易地理解文字、图表、动作、信号等内容。

> 一个人阅读速度快、理解内容多，并不是因为他有多聪明，而是因为他有良好的阅读习惯。

如果能够提升阅读能力，我们会变得更聪明，学习效率会更高，阻力会更小，知识会记得更牢固，我们可以将读到的内容与我们已有的知识更好地联结，从而通过更少的努力更牢固地掌握更多的知识。总之，如果我们能高效阅读，就可以读到更多的东西，可以没有阻碍地理解读到的内容，就会学到更多的知识并变得更加聪明，这样我们自然就更易取得好成绩。

有一些人读书很多，也可以又快又好地理解书中内容，但成绩不好。

这些人的问题出在本书将要谈到的其他方面。但话说回来，绝大部分成绩不好的学生在学校里遇到的问题——他们缺乏自信、能力不足、缺少动力，在其孩童时期以及小学初期不完善的阅读教育中就已经埋下种子了。无论如何，只要我们渴望改变，渴望提升成绩，那我们就可以做得到，因为我们的智慧总是活跃而敏锐的，它时刻准备着为不断提升我们的阅读能力而努力。

合格的读者与不合格的读者

一些读书慢的人，可能在做其他事时，也要经过深思熟虑才会以缓慢、放松的方式行动，这已经成为他们性格的一部分，这样的人可以被称为"合格的读者"。另外一些人读书很快却只能理解皮毛，这些人是不合格的读者。读书时，重要的是我们理解了多少，能否将读到的内容与实际相联系，读过之后能记住多少，能否从中获得享受，能否从中学到实用知识。也就是说，我们的阅读是否有用。

每个人都有自己的思考节奏，这也决定了每个人的阅读速度。尽管如此，事实证明大部分成绩不好的学生阅读速度很慢，而大部分成绩好的学生阅读速度快于平均水平。高效阅读可以减少学习的疲惫感，并有利于我们在各方面提升学习效率。

作为参考，如果阅读速度慢于 210 字／分钟，那我们就需要提升阅读速度了；最高效而不易使人感到疲惫的阅读速度约是 375 字／分钟。

我们的眼睛是这样阅读的

除了计时 1 分钟，数出我们在这段时间可以阅读多少字，以此来计算我们的阅读速度。我们还可以试着了解我们是如何阅读的，因为高效阅读不只是读得快就可以的。

人们阅读速度的不同，是由于实践和练习的差别造成的。面对同一篇文章，有些人的阅读速度可以比其他人快 5 倍，而读得最慢的人却会感到万分疲累。

我在分别有 25 名 13 岁男生、25 名 16 岁男生以及 25 名 18 岁学生的 3 个班级中测验了学生的阅读速度和他们对文章的理解情况，以求得出一个平均阅读速度。

我让他们读的文章如下：

出生时，婴儿会用他知道的唯一方式来宣泄出生给他造成的不悦。他将空气吸入肺中，再将其吐出。当空气穿过婴儿喉部紧绷的声带时，哭声就形成了。

哭声是婴儿发出的第一个声音。由于在一段时期内婴儿只能用哭声引起注意，他很快就会学会通过变换哭声的节奏来表达不同的意思。如果我们仔细听的话就会发现，根据婴儿想要传递的不同需求，他的哭声是不一样的。

婴儿哭的时候会发动整个身体。他会摆动腿和胳膊，血压和体温急速升高，浑身像发烧似的通红，他做出的动作和发出的声音会使他看起来非常激动、生气。

新生婴儿之所以如此爱哭，是因为哭是他表达不悦和失望的唯一方式。他以此来表达他的所有感受：有的事做得不对，他感到不悦；他在忍受着疼痛；等等。

如果一个少年或是成年人感到寒冷，他会通过颤抖来调节体温。婴

儿不会颤抖。如果他感到寒冷，就会摇动胳膊和腿，并通过哭泣来温暖

自己。

（《好父母指南》，费尔南多·阿尔贝卡，Toromítico 出版）

9% 的学生阅读速度明显最快，他们只用不到 20 秒的时间就读完并理解了文章。

83% 的学生在 20~60 秒的时间内读完了文章，在阅读理解测试中他们答错了少量问题。

8% 的学生读得最慢，他们用了超过 60 秒的时间才读完文章，并且在有关文章内容的阅读理解测试中答错了最多问题。而辅助的智力测试表明，他们的智商都是中等偏上水平。他们在进行测试时的状态也一直都非常好。

大部分学生在 30~50 秒内完成了阅读。他们答错的问题要比在 20~30 秒内完成阅读的学生略多一些。

学生的平均阅读耗时是 41 秒。

32% 的学生阅读文章花费的时间超出平均耗时。这些学生在有关文章内容的阅读理解中也答错了最多的题目。

所有这 32% 的学生都有学习和成绩问题，他们被描述为成绩不好的学生。而 8% 的阅读速度最慢（用时超过 60 秒）的学生，在最近的测评中都取得了 5~9 个不及格的成绩。

我们也可以用这篇文章和相关数据来了解自己的阅读能力。我们阅读以上文章就可以，要尽量用眼睛允许的最快速度浏览文章内容，同时也要理解文章所讲的内容，阅读完成之后，就尝试回答以下问题："为什么婴儿这么爱哭？""当一个少年感到寒冷时，他如何调节体温？""婴儿利用身体哪个部位哭？"等。如果我们都回答正确，就可以对比一下结果。

你的阅读为什么是低效的

学习不好的学生往往需要提升阅读能力。绝大部分情况下，阅读上的障碍会使他们更易疲惫，从而失去学习的动力。

造成低效阅读的原因多种多样，但主要有以下几点：

(1) 注意力不集中，眼睛盯着书上的内容，心里却在想着别的事情。我们基本没把内容看进去，更别说理解文章更深一层或更复杂的含意了。

(2) 对文章的内容和使用的词汇缺乏了解，不认识文章中涉及的词汇。

(3) 在阅读时嘴唇翕动或发出声音，有时甚至晃动脖子。这样的习惯会将阅读的节奏减慢至少一半。通常，阅读时要翕动嘴唇或念出声来才能理解内容的人，每分钟只能读 140 个字，而正常的阅读速度是 350 字 / 分钟。

我们可以试着练习更快速地阅读，通过适当的训练达到快速阅读的目的。接下来我们将就此训练给出几点建议。

30天让你的阅读速度上个台阶

§ 速度集训营1：每天15分钟小练习

在 1 个月内每天花 15 分钟来做以下事情：

※ 从杂志或书本里选出一篇文章。

数一下总共有多少行、每行大约有多少字，算出文章大约有多少字，将文章的字数记录下来。在理解文章内容的前提下，尽量快速地阅读这篇文章。将所用时间记录下来，用文章大概字数除以这一时间，算出每秒阅读的字数，记下每分钟阅读的字数。

※ 在 10 天内每隔一天读一遍相同的文章。

每次都将阅读速度记录下来，以对比速度是否有所提升。我们读的文章相同，会对我们起到积极的激励作用，但实际上阅读的文章是否相同对

练习影响不大。

※10天后，找一篇篇幅相似的文章并重复以上做法。

在理解文章内容的前提下，尽量快速地阅读，每隔一天读一遍文章，记录每分钟阅读的字数。

我们可以画一个图表来记录这些结果，例如：

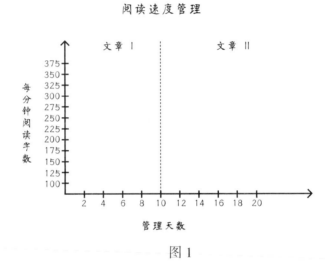

图 1

如果从第 10 天到第 12 天我们的阅读速度下降十分明显，那我们可以再找一篇文章来测试一下。如果阅读速度继续提升，或保持在 275 字 / 分钟，就说明文章的改变对阅读速度的影响已经没有那么大了。如果速度还是会下降，那我们就还需要用其他文章来继续做这一练习，我们可以找词汇更简单、内容更通俗或是我们更感兴趣的文章来做练习，直到阅读速度实现提升。

不论结果如何，30天后我们都要重复这一练习，这时我们所选取的文章内容，要属于我们所学的某一科目的考试范畴。

§ 速度集训营2：从训练我们的眼睛做起

在《你的孩子也能成为爱因斯坦》一书中的《更高效的阅读》章节，我给出了一些有关提升阅读能力的建议。接下来，本书将推荐一些可以帮助我们更好地理解词汇、更自如地联想每句话的含义、更透彻地理解文章内容的练习。

让我们从视觉的感知开始练习。我们用双眼阅读（如果是盲人，就是用手来阅读），但也用大脑阅读。在良好的阅读方式中，我们的眼睛应该一次看三个词。当我们读到一些冠词（这、那等）、介词或包含数据和例子的句子时，我们的眼睛将它们过滤掉，不将这些内容传入大脑。我们可以训练自己的眼睛来筛选关键内容，进行更高效地阅读。例如，我们可以做如下练习：

※ 用眼睛注视一行文字中的第一个词。

在牢牢注视这个词的同时，看看自己能够扫到并认出多少个它右边的词。最好是能认出 2~3 个单词。如果我们能将这一技能锻炼娴熟，按每行 10~12 个词计算，我们的眼睛只需移动 3 或 4 次就可以读完一行内容了——好的阅读者的眼睛就是这样工作的。

※ 看着一个距离我们至少 3~4 米远的点。

在不将视线离开这一点的同时，集中注意力，看我们的余光能扫到距我们左前方 1 米处和右前方 1 米处各多大范围的内容（视线还是放在至少 4 米远处，只是用余光扫视）。

※ 注视两个看似相同的东西（成对的物品、双胞胎或是"找不同"游戏），并找出它们的不同之处。

※ 在文章中选一句话。

用目光缓慢扫过这句话。如果需要，在开始时可以用手指指着看到的内容，之后不再用手指。不需要阅读这句话，更不需要理解它，只要用目光扫过它即可。

※ 看一张照片。

注视一些微小的细节，思考这些细节的不同之处，以及它们的存在所带来的意义。

※ 还是同样的照片——最好是横向的。

在多媒体屏幕（电脑、平板、智能手机、电子阅读器、智能电视等）上将其复制两次，这样我们会得到三张相同的照片。尽可能地利用屏幕的宽度，将它们等距水平地排列在屏幕上。接着就认真看每一张照片，从左至右反复观察它们，试着找出些许不同。当然，它们之间并没有不同，因为我们是通过复制同一张照片得到它们的。但是这样的寻找训练可以锻炼我们的眼睛应对不同照片的繁多细节。我们的自我暗示甚至有可能让我们找到一些不同。

※ 来做另一个练习。找一张照片看3秒钟。

试着在这段时间内记住尽可能多的细节。之后，拿走照片，尝试回忆起尽可能多的照片中的细节。

§ 速度集训营3：自如的联想

※ 找一本专业书籍（比如有关动物的）、一本字典或一本百科全书，或者更简单的，在网上找一个专门介绍动物种类的网页。

打开网页之前，先在草稿纸上写一些（尽力而为，不要超过15个）我们认为有可能出现的术语或名词（继续以介绍动物种类的网页为例，我们可以写脊椎动物、爬行动物、鸟类、哺乳动物、胎生动物、杂食动物、食肉动物、食草动物、栖所、温血动物、死亡、繁殖、物种、进食）。

接着，我们就可以打开网页，浏览文章的不同段落，寻找我们写下的词汇。不一定要按顺序浏览，但最好是从左往右看。我们可以从文章末尾或中间开始浏览，也可以打乱段落的顺序，还可以根据自己的喜好，选择最吸引我们的段落开始浏览。

※ 自己想一想，某事（某件既成事实、某个历史事件、某一首歌等）的原因和结果间有什么不同。

※ 自己想一想，某事的发生是为什么，又是为了什么，它们之间有什么区别。这里给一点可能有些多余的提示：为什么说的是原因、理由，总是在先；为了什么是表明结果、目的，总是在后。

※ 为每个介词做用法举例：到、在……前、在……之下、和、对着、从、在……期间、在、在……中间、通过、为了、根据、除去、在……之上、在……之后，等等。

※ 想想事情的先后顺序：是先有问题，然后它慢慢发展并滋生了我们的缺点，还是先有缺点，之后它给我们带来问题或使得我们无法解决问题？

※ 画（不需要很具体，只要轮廓即可）一个站在汽车前面的男人，汽车后面有个女人，女人前面有个女孩，女孩旁边有条狗，狗前面有个男人，狗后面有个男孩。

提升阅读理解能力的练习

§ 能力集训营1：用不同表达方式改写

许多人知道词语的一种或多种意思，却依然无法理解其含义。

※ 选一篇最多4段的篇幅较短的文章，开始练习时也可以选一篇只有1段的文章。

※ 将每个段落以句子为单位划分成几个部分。用铅笔在每句话的末尾做标记。每个句号都标志着一句话的结束。

※ 选取第一句话。

※ 想想这句话有什么含意，并试着用另一种方式表达相同的含意。根据自身情况，可以使用和原文相同或不同的词汇。

※ 润色我们用新的表达方式表达的内容，假设我们要将其快速解释给某人。

※ 写下改好的句子，并开始看下一句话。

※ 在改写完所有句子后，通读这些句子，并试着向假想中的人口头解释文章含意。

除了这一练习，还有许多类似练习可以帮助我们提升阅读理解能力。这些练习在学生辅导书和网站上都可以找到。

§ 能力集训营2：更快理解英语文章的技巧

记住以下前缀和后缀的含义，会对我们更快地阅读、更好地理解英语文章有很大帮助。如果我们认识这些前缀、后缀，并知道它们，就可以更快地理解带有它们的词语的意思。这些词语非常常见：

在前缀和后缀中，后缀尤为重要，因为它们更忠实于拉丁文或希腊文词根，它们的含义更加统一、更加唯一。

后缀：

- AL= 属于……的（例如：international= 属于发生在国家间的事物的，musical= 属于音乐的，personal= 属于某人的）

- ABLE= 能……的，可以……的（例如：readable= 易读的，易懂的）

- IVE= 有……属性的（例如：native= 出生于当地的，有当地特点）

- ING= 做，动作过程、结果（例如：landing= 触碰到土地）

- MENT= 行为或结果（例如：movement= 活动，动作）

- ENT, ER= 做某事的人（例如：president= 指挥、领导的人；singer= 唱歌的人）

- OUS= 大量的，富含……的（例如：voluminous= 体积很大）

前缀：

A－＝表否定（例如：asocial＝不好社交的）

BI－＝二（例如：bi－monthly＝每月两次的）

CO－＝和（例如：co－author＝合著者）

DE－＝在……之下（例如：deficient＝有缺陷的，有不足的）

DIS－＝分开的（例如：discontinued＝间断的，不连续的）

EPI－＝在……之上（例如：epicenter＝震中）

IN－＝表否定（例如：incorrect＝不对）

INTER－＝之间（例如：international＝国家间的，国际的）

MULTI－＝很多（例如：multinational＝多国的，多民族的）

PRE－＝在……之前（例如：prevent＝预见，预知，预备）

RE－＝重新（例如：reread＝重新阅读）

SUB－＝在……下（例如：submarine＝海底的）

TRANS－＝通过（例如：transparent＝透过其可见的）

§ 能力集训营3：找出文章中的不同组成部分

在阅读一篇文章时，我们的大脑会将其划分成不同部分来理解其含意。要想更自如地划分不同类型文章的内容，我们可以做以下练习：

选取一篇新闻报道，划分不同等级的标题，这些标题可能包含引题、主标题及副标题，其中，只有主标题是必不可少的。各级标题会以较大字号出现。标题之后就是报道的开头，报道开头的文字通常都是标准字号。我们将报道的开头部分抽出来，并从中找出标准新闻报道的六要素：时间、地点、人物、事件的起因、经过、结果。

我们可以利用纸质或数字媒体上各种类型的新闻报道来快速地做这一练习，也可以用在电视新闻或广播新闻上听到的报道来做这一练习。

§ 能力集训营4：阅读画刊和图表

高效阅读要求我们能快速理解文章中出现的文字和图表，包括词素、词汇、语句、文段以及各种插图、图表、概念图、曲线图、柱状图、对比图，等等。

要想读懂全部内容，我们首先需要发动大脑的不同区域来理解不同内容的含意，再将这些含意联系起来，形成整体的理解，并概括出论点。之后，根据论点的内容和需要做出的表述，将其传回最合适的大脑区域。

一些人需要很久时间才能概括出论点，因为当他们大脑的某一区域——需要做出表述——在为他们概括出文章要点的时候，他们还在用大脑的另一区域思考某一图片、图表或是插图表达的是什么意思；另一些人却能很快概括出论点：他们已经非常明白需要概括出什么样的论点以及该用什么样的语言将其表达出来。

为了更好地理解文章配图，我们可以先猜想一下照片或图表与文章所讲述的内容之间有何关联。我们最好在看完所有标题之后、阅读正文之前做这一工作。我们可以思考一下这些静止的画面(图画、照片、图表、一览表、地图，或其他类型的图)都有什么意义，它们对表现所在章节的标题所要传递的内容有什么帮助。

西班牙：19世纪小麦平均价格

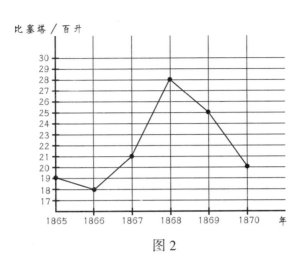

图2

最多用 10 秒钟看这张图，并尝试在看图期间寻找并记住以下数据：

最低均价出现在 1866 年，最高均价出现在 1868 年。

在 1870 年小麦平均价格约为 20 比塞塔 [1]/ 百升。

如果我们看了图，并能在 10 秒内找到以上数据（如果无法在 10 秒内完成，就不断重复，直到做到为止），接下来就将图表遮起来，2 分钟后，看看自己是否还记得：

最高均价出现在哪一年？

最低均价出现在哪一年？

在 1870 年每百升小麦的均价约为多少？

检测一下自己是否记住了这些内容。如果没有，就重复以上练习，可以继续使用这张图表，也可以用类似的更有助于我们学习的图表，直到达到目标为止。

1　2002 年欧元流通前西班牙所使用的法定货币。——译者注

13. 协调我们的各种能力

左脑右脑相协调

脑力劳动的效用表现在用最经济的方式找寻到真理：让我们的大脑自如地协调诸多运行机制，以最好的方式、最少的消耗，灵活地使尽可能多的机制同时顺畅地发挥作用，这种能力我们自己甚至都很难理解。

要想解决问题，我们的大脑就要学会灵活变通。查尔斯·杜里埃[1]曾由于无法找到能将碳氢燃料输入汽车发动机的有效系统而陷入绝境。1891 年的一天，他看到妻子坐在梳妆台前用喷雾器喷香水。尽管杜里埃之前就很清楚地知道香水喷雾器的存在，但直到那一刻，他才将其与他所面临的困难联系在了一起。多亏了他脑子的灵活变通，他得以从看到的东西中受到启发，并以此解决问题——那时他随即想到了制造喷雾器化油器的方法。

正是由于我们的大脑能够将不同事物联系起来，并将其融会贯通，我们的学习方法才得以与学习动力相互作用，并收获成效。

---

1 美国发明家与汽车制造商，他与弟弟制造了美国早期的汽车之一，被称为"美国汽车之父"。

当我们感觉自己的左右脑（左脑管理逻辑、条理、分析、科学思维、理性、记忆、专注度；右脑管理创造力、想象力、概括能力、直觉、感情）都可以正常发挥作用，那就说明我们已准备好开始学习或钻研了，也较容易取得好成绩了。如果在学习中只有左脑或右脑运作，那就好比我们要只用一条腿跑马拉松。

创造力让人无与伦比

尽管词汇和语言有其局限性，但由于现代西方文化对它们十分重视，因此，18世纪的科学家（那些用左脑理解并描述现实的专业人士）和唯理主义哲学家会坚持告诉我们左脑（管理逻辑、分析、序列、理性、数学、语言、科学问题）比右脑要更有用、更有效力。他们的说法确实对我们产生了影响，尽管我们认为拥有发达的左脑和非凡的右脑（管理创造力、想象力和感情）非常有益，它们将会发挥很好的效用，但我们也相信右脑并不是不可或缺的。

人们对左脑的了解要更多，因为左脑的运作更简单，更易观察分析。也正因为如此，我们更注重左脑功能的发展，在学校和家中下更大的功夫开发左脑，而右脑功能往往只能在被压制的环境中默默地发展。

然而，要想获得职业的成功和人生的幸福，我们必须将左右脑的功能协调统一。我们人类之所以可以成为与其他众生截然不同的、能做出伟大事业的生物，主要得益于这两部分大脑分别控制的两种能力：由右脑控制的创造力和由左脑控制的条理性。

创造力是人类拥有的重要特质。正是不懈的创造使我们能够不断改变、不断进步，走向全新的、更好的领域。

我们的创造力和爱的能力使我们区别于其他人、大自然、各种物品以及最精良的机器，变得与众不同又无与伦比。人类的智慧和机器中所谓的

"人工智能"在很多方面以及运行机制上具有一定的可比性，因为各种机器正是由人类智慧创造的，数以百万计的机器甚至比绝大部分人类的工作速度要快得多。但人类智慧的精髓并不在于其运行或协调能力，而在于其思考和爱的能力。真正的创造力与思考和爱有着千丝万缕的联系。

在学习中，创造力为我们带来智慧的火花，给我们灵感，使我们变得更加聪明。

> 创造力使我们能够更敏捷、更灵活地回答问题，在其他人无能为力的时候命中答案。创造力使人类进步。

当我们面对考试、课堂以及生活中最困难的问题时，创造力可以帮助我们找出非同一般的解决方法。创造力和自由是相辅相成的。基于真理的、自由的创造力，可以使人们收获更多的赏识和器重，并被他人所需要。

创造力可以帮助我们发掘新的探索真理的方式，它是人类在学习和生活中拥有的最重要、最不可或缺的能力之一。

在刚刚过去的 20 世纪，许多人支持左脑占主导地位的观点，这些主要依靠左脑思考问题、右脑不很发达的人们宣扬说，创造力对一些人来说只是奢侈的精神消遣，它并不能填饱我们的肚子。因此，许多年来，一个"有创造力"的年轻人往往被认为好高骛远、不切实际、投机取巧，甚至是缺乏条理。

我们的文化在许多方面都取得了进步。在 21 世纪的今天，其最突出的特点之一，就是广告宣传在企划或公司的成败中开始起到不容置疑的关键作用。如今我们已了解到，要想让某一企划获得成功，通过诸如社交网络等多种渠道对其进行宣传是非常重要的。用更有吸引力、更有意思的各种方式宣传虽有些过时却依然可行的想法，也会带来良好效果。在时尚、工程、哲学、文学、销售、贸易、艺术、新闻、物理、医学、建筑以及娱乐设施和玩具设计等领域都是如此。

在所有工作中，我们都常常需要借助于已取得的重要成果，也常常会需要用我们已有的知识作为基础（由以前的文化——阿拉伯、罗马、希腊、埃及以及一些其他文化获得的知识），但是我们更需要通过再创造，用全新的、良好的方式，将这些信息在我们如今的生活和文化中激活，并使其变成现实。

创造力是学习和生活中的必备能力，它不应处于无秩序状态。从其定义上来说，创造力应是自由的，它应受到尽可能少的限制。如果一个人需要开创一项工作、创作一篇考试作文、举办一次展览或建立一个理论问题提纲，他不应被已有的成果和内容束缚了手脚。创造的意义就在于此，我们要做一些不一样的事。当与秩序结合在一起，创造会更加高效。创造不一定要遵循逻辑，但一定要遵守有关理解和共鸣方面的规则。

例如，对于一个十分有创造力的画家，我们最好给他规定一定的工作时间，而不要让他只在想创作的时候才画画（灵感只有在你工作时才会出现——毕加索）。如果他想要在画廊卖画，那就必须要在一定日期前交出一定数量的作品。如果一个广告设计师接到某一活动或广告的设计委托，那他就需要了解他所要服务的公司的情况，了解其优势和劣势，了解领导的意见以及受众的意见。

秩序并不会限制创造力，它是我们获得成功的基石，是我们自由发挥创造力的有效支撑。在工作和学习中，当我们需要理解、列提纲、记忆、考试，或面对其他需要发挥创造力的情形，秩序都会起到一定的支持作用。

虚构能力及其在学习中的用处

> 虚构能力是人类用想象力构建模型的能力。

在关于记忆的章节中我们会谈到，想象可以帮助我们更清晰、更长久地记住更多的细节和数据。

要想理解非常抽象的内容，想象力的作用更是至关重要。例如，我们想要理解亚里士多德的质料形式理论——这一理论认为事物包含偶性和本性、形式和质料，变化既可以是偶发的，也可以是本质的。如果我们能虚构一个场景，那么这一理论会更加易于理解记忆。我们可以想象有一张纸，使这张纸分成小块的变化就是偶发变化，而使这张纸烧成灰烬的变化则是本质变化。有时为了理解、记忆某一抽象内容，我们需要用到一些具体的概念。为此，我们要能利用想象力构建一个确保我们达到目的的实用、朴素的模型。

> 虚构能力与理解能力是成正比的。理解能力较强的人更易在想象中虚构出模型。

§ 虚构能力集训营1：积极的想象

我们常会听到老师或父母抱怨孩子在课堂上经常走神，心不在焉，"身在曹营心在汉"，根本听不进去老师讲解的内容。其实学生是在通过虚构和幻想，来摆脱压抑的课堂氛围、厌烦的情绪以及面对某一问题、某位老师或某个科目时的无力感。这种方法可以有效地让他们每天都要面对的课堂变得不那么难以忍受，当老师通知考试时间和内容后，学生也好多多少少听点课，为考试做些相关准备。

在这种情况下，虚构和幻想帮助我们逃离现实、远离课堂，躲避在我们自己的内心世界中。然而，我们也可以让虚构能力发挥积极的作用——我们可以将老师在课堂上讲解的内容内化到心里。

空间、环境和时间对于我们的思想来说都构不成任何障碍。我们可以在任何时刻、任何地点快速地进行时间和空间的转换。老师只需说一个词语，我们就可以开始进行虚构，将他讲解的主题和内容内化、转换为自己的内容。

如果能将虚构的能力用在学习上，我们听到的知识就可以像食物在消化道中游走一样活跃在我们的脑海中；我们也可以将听到的内容构建为模型，并想象它们围绕在我们周围的样子。这样，再令人厌烦的讲解也会变得有趣，并更利于我们记忆。

因此，我们有必要学会对在课堂上读到和听到的内容进行虚构。比如，老师在讲解形容词和名词——许多学生都不喜欢学习这部分内容，我们可以让虚构能力发挥作用，幻想一下，当一个名词在某句话中拥有了形容词的陪伴，它会作何感想。在进行虚构的时候，我们会把左脑和右脑协调起来，这样就可以将我们思考的内容深深刻在脑中，从而将它们记得更加牢固。我们采用这样有趣的方式会学到更多的知识。

在课堂上进行积极的虚构，可以帮助我们更好地利用课堂时间。在进行虚构的同时，最好还是假装注视老师或是做笔记，这样老师就会认为我们是在顺着他讲课的思路进行思考，从而判定我们课堂效率很高、是好学生。这样一来，我们就可以不受打扰地进行积极的虚构了。

§ 虚构能力集训营2：换位思考

学生能通过想象和虚构在某些情形中换位思考也是非常有用的：比如当老师发怒的时候，当父母命令他必须开始学习的时候，等等。虚构所产生的效用比看上去重要得多。

在一些情境中，孩子要把自己虚构成他人，把自己想象成正在斥责、指点、表扬或是劝告自己的父母或老师。孩子要学着换位思考，不要想父母或老师说了什么，因为他们总是会把话说得重一些；而要懂得他们在生气、开心、焦虑或是劝说的时候真正想要传达的意思。

这样的虚构带来的换位思考，可以避免许多孩子和老师、父母间因无关痛痒的问题产生不必要的争端。这些争端会抑制孩子学习的动力，阻碍其进步。

在虚构中我们可以重新审视每一次测评、每一次考试和每一节课。它可以帮我们摆脱父母和老师带给我们的压力，让我们超越自我。

构建事物间的新关联

由我们右脑发动的、人脑最重要的能力之一，就是构建、领会、识别关联，发现两个看似没有关系的事物之间存在的联系。例如，我们可以将炉灶的风箱与人类的心脏联系起来。

好老师往往会利用事物间的关联性，通过类比、比喻的方式讲解机械、电力或化学方面的问题。这样的教学通常会收获良好的成效。

如果我们能将需要学习的事物及其运行机制，与其他虽与其不同但有较为明显的相似性的事物联系起来，那我们就拥有了一种非常重要的能力——使我们更好地理解、记忆，更清楚地表达，更完整地展示我们已经明白并掌握了的内容。

所有我们正在学习的内容，与我们已学过的内容都具有一定关联。为了更好地学习，我们需要在二者之间建立或较为清晰、或较为准确的联系。如果能学会自如地将知识关联起来，我们将变得更有智慧、更加博学。

能够让所有学生理解其所讲内容的老师，往往会将知识间的关联性以类比的方式贯穿在课堂中。老师很少提到这种类比的方式，也几乎不会向学生解释他如何将不同的知识联系起来，而学生也基本不会注意到这种方式对学习的帮助，更不会试着去掌握这种学习方法。

事实上，我们有能力通过类比的方式将事物联系起来，在事物间建立新的关联。这些关联可以帮助我们检验自己是不是真正学到了知识，我们的所得也会通过我们所构建的关联展示出来。

一般来说，我们在构建知识间的关联时，是将新的知识依托于已有知识来掌握的，而这是所有持续性学习中最基本的必备技能。因此，拥有构建关联的能力非常重要。

构建关联的过程很有意思，它也为我们学习、记忆知识增添了想象的乐趣。

当我们了解了植物从种子到腐烂的发展过程，也就能够理解人类生命的进程了：出生、成长、繁殖、死亡。我们甚至还可以想得再深一些：由种子在土壤中腐烂并孕育出新的植物这一过程发挥想象，更好地理解并记住人类是如何将慷慨和关爱给予他人的；或是更好地理解为了取得受人瞩目的成绩，人们怎样默默地为一次考试或是一件艺术作品付出不为人知的巨大的努力。

老师也应该了解学生的经历，可以将需要传授的知识与学生的经历联系在一起来进行讲解。

总之，在事物间寻找新的关联，多用类比，在学习中是非常有效的，它不仅可以帮助我们思考、联想老师在课堂上讲解的内容，还有助于我们

阅读、理解，并在脑中形成需要背会的内容的提纲。

为了训练这一能力，我们可以按照顺序做一些类似于以下内容的基础练习：

(1) 想一个物体，之后再想想它会发出什么声音。

(2) 想一个动物，之后再想想它会发出的声音。

(3) 想想一头母牛和一只公羊间有什么差别。

(4) 想想一把刀和一个纸盒间有什么不同之处。

(5) 想想一台等离子电视和一台普通电视有什么差别。

(6) 在脑海中想两种豆子，并想想它们有什么不同之处。

(7) 想想一头公狮子和一头母狮子间的相似之处。

(8) 想想一把刀和一个纸盒间有什么相似之处。

(9) 想想那头母牛和那只公羊间有什么相似之处。

(10) 一只老鼠和一头母牛的相似之处。

(11) 一只金丝雀和一个挂钟的相似之处。

(12) 一只蚊子和一只老鹰的相似之处。

(13) 一只蝴蝶和一张桌子的相似之处。

(14) 一个足球和一个运行中的电梯的相似之处。

(15) 现在想象有两种天蓝色，想想它们的不同之处。

(16) 想想螺钉和生命的相似之处。

(17) 光和死亡的相似之处。

(18) 光和生命的相似之处。

(19) 光和美的相似之处。

(20) 一匹狼和一条鲨鱼的相似之处。

(21) 一匹狼和一只龟的相似之处。

(22) 想象任意一场战争，你是参与其中的一名士兵。用物体形容你的感受：你觉得自己像是一个……

列举6个大小、颜色不同的物体，并口述你将自己的感受与这6个物体联系在一起的原因。

(23) 将不同的感受混合在一起。例如，用形容声音的词汇描述触觉（比如，在轻抚某物时有刺耳或低沉的触感）。我们可以先说一句符合逻辑的话："他抚摸着柔软的桃子。"接着按照上面提到的方法改写句子，例如，"他在轻抚桃子的时候，似乎感到桃子在轻声低吟。"我们在"尖叫的黄色"（混合听觉与视觉）等表达中都会用到这种通感的手法。

(24) 类比物体、事物、形容词、颜色或你想到的任何东西。比如："空气之于人就好比水之于鱼""那个柱子就像是埃菲尔铁塔""那个笔记本就像是一个玩具池""那支圆珠笔像一张嘴一样述说着我的故事""睡眠之于学生就如同水疗之于疲惫的人""犀牛是森林中的霸王""大象是笨拙的大个子""蝴蝶是缺乏头脑的模特""原子像是一块磁铁""黑洞就像是管道的排水口"。

亚里士多德说："善用类比是天才的标志。"在使用类比的过程中，我们可以展现出自己丰富的学识、阅历以及高超的学习能力。

解读面部表情、肢体语言及其他暗示

学生不仅要能理解语言和词汇，还要能理解面部表情、肢体语言及其他暗示。在我们的文化中，后者所具有的意义越来越大，而前者的意义越来越小。

学生需要发挥解读面部表情、肢体语言及其他暗示的能力，这样才能在几十秒的时间内判断老师的某一表情或某一动作是不是具有某种意义，老师所讲解的是不是他喜欢的内容，自己是否需要记住这一内容，老师所讲问题在考试中是否会经常出现，在其所讲部分中提纲、课本、笔记、教学录像到底哪个比较重要，自己是否需要学会使用老师经常强调的某一句话或某一概念，等等。

解读课本上的暗示也非常重要。我们要找到那些能够帮助我们、能为我们提示重点的标记。我们这里所说的"标记"并不是指突出的文本框、老师画出的着重线或是加黑的字体，这些都太明显了。我们要注意的是那些几乎隐藏起来的暗示。例如：

※ 如果老师经常提问带有照片的问题（这是真实案例），那他在出考试题时就很容易出这样的题目。

※ 与上述情况相反，老师会出更多的纯文字题目。

※ 注意老师喜欢用概念图还是提纲来概括某一课题的学习。

※ 注意老师是否会把一些家庭作业中的题目作为考试题。

※ 确认课本中黑体字内容是否真的重要。

※ 在一些课本中，一篇文章的内容会被插图打断，这会增加我们整体理解和记忆文章内容的难度。比如，一篇文章先是介绍了某一进程的 3 个阶段，然后有一张插图将内容打断，之后再继续介绍这一进程的第四个阶段，那就需要引起我们的注意了。

14. 学习前的准备

学会划分学习内容

我们不可能一下子就学会所有内容。因此，如果需要学习的东西很多，一定不要给自己太大压力。

在整个学业中，我们需要学习的内容很多，因此，在某一科目的某个问题上耗尽心力是很不明智的做法。

我们必须从现在开始专心于需要学习的内容，而不应明日复明日，一再拖延。根据我们对所学内容的划分情况，我们需要记忆的东西其实可以很少。比如，我们可能只记住一段内容就可以了。所有课题都是由一个问题引出的，而所有问题都是由一句话开始的。这才是我们真正需要学习的内容。而课题的其余部分则是我们在其他课题中需要学习的内容，眼下可以先放一放。

如果我们有充足的时间，那最好能够从头开始学习，并按照逻辑顺序逐步向前进展。但如果我们并没有足够的时间，那我们也可以从最重要、最可能在考试题中出现的内容开始学习，一直到最不重要、最不可能在考试题中出现的内容；或者从最基础、对未来学习最有用的内容开始学起，一直到对未来的学习和研究最没有帮助的内容。

重要的是要学会划分学习内容——将困难最小化。正如同恺撒大帝说的："先分化，再征服。"

一个人不可能一口吃掉一个蛋糕，然而，如果我们将蛋糕分成小块，那么，只要我们有时间和胃口（动力），就可以一点一点地把整个蛋糕吃完。在刚开始看到蛋糕时，我们一定会想："天哪！这不可能吃得完！我一个人绝对做不到！"但如果我们每次只吃一小勺（之后我们会给出具体建议，比如可以将每次的学习时间控制在25分钟左右），那么一点一点、一勺一勺，蛋糕就会逐渐变小直至被吃完了。而在这一过程中，面对越来越少的蛋糕，我们会更加受到鼓舞。

一些爱吃甜食却又想要保持好身材的人们的经历就是很好的例子。如果让他们从托盘上放着的几块蛋糕中挑一块，即便这些蛋糕都不大，他们还是会很有教养地说（至少我的祖母和母亲都是这样的）："不不，我可吃不了这么多，蛋糕都太大了，要是吃一半还行。而且蛋糕易使人发胖，不适合我吃。"他们会这样表明自己的想法并寻求支持，但往往求而不得。之后他们就会拿起一个小勺子，将小蛋糕从中间切成两半，并将其中一半送入嘴中。这时，甜食（如同学习一样）就会产生作用了，突然间，他们的胃部、颚部以及味蕾会因受到刺激而开始在意另一半蛋糕。他们的大脑会抑制想要吃掉剩下的蛋糕的想法，但是没什么作用。几分钟后，当他们所有感官都处于愉悦的状态，他们的手就会伸向剩下的蛋糕，并将它们全部吃掉。因为他们的意识和信念会在面对很小的事物，比如半块蛋糕时，放松警惕。

在学习中，选取适当的学习内容，并将其划分为易于接受的几个部分，是我们都应掌握的技巧。

制订学习计划五步法

开始学习之前要制订好计划。我们的计划应该灵活而可行，并能在实施过程中及时做出修订、调整。我们最好制订一个较为完备的初始计划，这样之后我们就不用再做太多修正了。要想制订一个好的计划，我们要遵循以下步骤：

第一，算出我们需要学习的内容的具体数量。

例如：1个课题、5个课题、2个课题或者1篇评论，课本、笔记、复习做过的功课……

第二，根据具体情况算出我们真正拥有的可以用来学习的时间。

我们可以从后往前推算，也就是说，从要考试或交作业的日期开始往前算我们有多少天时间。我们要把已知的活动安排考虑在内，比如我们必须要出席的自己、家人或朋友的生日，等等。在这种情况下，我们得把参加活动所需的时间（一天、一下午或几个小时）从计划表中去除，但记住，一定要给活动留出富裕的时间。这么做的目的在于，通过这样的时间预算，我们不仅可以感到自己在有计划地进行学习；同时，参加活动没有用掉的时间看起来就像是我们赚到的一样。比如，如果我们必须要和家人去一个地方，那在计划中就不要给当天安排任何学习内容。但其实，我们可以在出发前学1~2个小时，提前完成一部分第二天计划中的内容。

第三，将计算出的时间缩短约15%，舍零为整，以确保我们的计划能顺利进行。

如果你在以往的学习中，常常在最后阶段觉得时间不够用，还可以将计算出的时间缩短更多。例如，如果某人有10天时间准备考试，就按他有8.5天时间来制订计划；如果他认为自己有2个月时间，那就按1个半月时间

来计算；如果他有 2 个小时时间，就按 1.5 个小时来制订计划。在计划执行过程中，我们可以根据学习情况随时调整这一时间长度（调整 1~2 就足够了）。

第四，根据学习内容划分学习时间，或根据学习时间划分学习内容（效果是相同的）。

举个例子，某人有 9 天时间来学习 4 个课题。首先，我们按上一步的做法将学习时间缩短为 8 天。然后，根据学习内容划分学习时间。可以得出，他花在每 1 个课题上的时间不能超过 2 天。如果要学习多门课程，有的人喜欢先集中几天时间完成一门课程，之后再开始下一门课程的学习；而另一些人则喜欢交替着学习各门课程，例如，上午学 1 门，下午学 1 门。大部分人认为后一种学习方式可以有效避免学习中产生的疲惫感和厌烦情绪，但前一种学习方式更利于精神和注意力的集中。其实，两种方法都是可行的，到底选哪种取决于个人的喜好和安排。

当我们定好一天所要学习的内容，就可以将每一天的学习内容划分成更小的部分。我们每次只需将注意力集中于接下来的一小段时间内需要学习的内容就可以了，这就好比我的祖母和母亲将蛋糕分成小块再食用一样。

第五，按照下一部分将要讲到的具体细节和要求，制订学习时间表，要将所有可以学习的日子都包含在内。

最具可行性的学习过程是这样的

当我们已经确定可以学习的时间、需要学习的内容，并进行了合理分配，我们还需要知道每天该如何学习——什么时候学习，每隔多长时间休息一会儿。

众所周知，我们的大脑在集中注意力 20 或 25 分钟后就会感到疲惫，无法高效工作。现如今，我们每次能集中注意力的时间越来越短，大脑只要 18~20 分钟就会感到疲惫。此外，在这段时间内，我们也不是在一开始就能集中精神，而是需要几分钟的时间让大脑预热。综合这些因素，最具可行性的理想的学习过程应该是下面这样的。

§ 对于缺乏一定学习习惯的人

对于有良好学习习惯的人也适用。

※ 学习 25 分钟。

※ 休息 4 分钟（在这段时间内，可以站起来活动一下，甚至查看手机、快速回复一条短信、发条微信、看看窗外的风景或者舒展四肢，但不要离开学习的房间，绝不要打开电视、听音乐或做任何会使注意力完全脱离所学内容的事）。

※ 学习 25 分钟。

※ 休息 4 分钟。

※ 学习 25 分钟。

※ 休息 10 分钟（这时可以出房间转转了）。

※ 学习 25 分钟。

※ 休息 4 分钟。

※ 归纳总结这一过程中学到的所有内容。

§ 对于已经形成良好学习习惯的人

※ 学习 50 分钟。

※ 休息 8 分钟。

※ 学习 50 分钟。

※ 休息 12 分钟。

※ 学习 50 分钟。

※ 休息 25 分钟。

※ 归纳总结这一过程中学到的所有内容。

§ 划分学习内容应考虑的其他因素

在划分学习内容的时候，应考虑到个人爱好及其他因素，例如：

※ 灵活安排时间，不要在精神最疲惫的时候学习，要在最清醒的时候完成最困难的任务。

※ 给自己不感兴趣或认为较难的内容留出更多学习时间。

※ 在周五少安排或不安排学习内容，以缓解一星期来积累的疲惫。

※ 大部分人倾向于在早上多学一些内容，也有人在下午或晚上学习更加高效，每个人的情况都有所不同。但我们都应注意的一点是，每天要保证 8 个小时的睡眠，以使大脑得到充分的休息，使我们所学的内容沉淀，并使其与我们已有的知识和生活经验联结起来。

※ 投入更多时间在那些最重要或最易出现在考试中的问题上。

※ 交替学习复杂内容和简单内容、耗费较多精力的内容和耗费较少精力的内容。

※ 投入一定时间（每天或至少一星期两次）做体育运动，这会帮助我们放松精神。也可以花一些时间在自己的兴趣爱好和娱乐活动（最好是文化活动）上。

选择良好的学习环境

学习场所很重要，但也没有我们通常所认为的那么重要。我见过有人为通过我们国家最重要的考试努力学习并最终取得了优异成绩，然而他学习的环境甚至不能用不理想来形容，任何人都会觉得那样的环境简直难以置信（比如，他学习的场所基本不通风，桌子很小，上面堆满了各种会分散注意力的物品，人们进进出出，光线很暗，吊灯还会随着邻居房间的施工作业而颤抖）。

如果我们想要找一个适合学习的场所，那可以准备一个与以上环境截然相反的房间：

※ 找一个通风良好的房间，使氧气能迅速更新。在学习时，我们必须要为大脑供应充足的氧气。

※ 找一张大桌子，上面要能放下所有学习材料，且它们之间不会互相妨碍。视线可及范围内不要有太多会分散注意力的物品。

※ 将移动设备（智能手机）放在远处或抽屉里，将其调至静音状态，关闭震动，不要打开新信息提醒，不要为它分神。只在休息时间查看手机。

※ 关闭音乐。远离一切会让大脑分神的声音，这些声音会使我们事倍功半。在做某些作业或练习的时候，我们可以播放一些音乐。但这些音乐要能基本不被察觉，而同时又能在某一瞬间帮助我们集中精神或不被其他事物分散注意力。然而，如果我们要尝试理解某一内容，或是初次学习某一内容（这时，所有的细节对于记忆和学习都非常重要），就绝对不可以一边听音乐一边学习。

※ 找到良好的光线，最好是自然光。不要让我们身体的影子落在需要看的课本上。

※ 身旁最好不要有窗户，否则，窗外发生的事会分散我们的注意力。

※ 找一把有靠背的舒适的椅子，其高度要与桌子的高度相匹配，使我们能够直直地坐在桌前，而不给背部、颈部、肩膀或双腿增加疲惫感。在大脑劳累的同时，我们最好不要再给身体增加负担了。

与此同时，我们也要记住，最合适的学习场所就是我们已有的学习场所。比起学习环境，我们能否好好学习，更取决于许多其他因素。许多学习不好的学生拥有极好的学习环境，但他们依然因为各种原因不好好学习。

寻求胜利 or 避免失败？

在学习时，焦虑情绪会使我们事倍功半。因此，在开始学习前试着让自己放松下来是很有必要的。

我们需要获取的东西有很多，却没什么可失去的。我们对所要学习的内容并不了解，有时甚至是一无所知。如果不学习，我们一定会挂科。如果我们学习，结果也不会比挂科更糟糕。我们不过是花费了一些时间在上面，仅此而已。但这些时间可以让我们的父母知道我们努力了，从而赢得他们的尊重。如果我们学习了，并且还学得很好，那我们一定会有很多收获。总之，我们没什么可失去的，却有很多东西在等着我们去获取。

"我不知道是否要去参加中学义务教育的结业考试。"一个非常努力的22岁男孩这么对我说。那时他正要开始一个小学期的学习。之前一些年他都在游手好闲中度过。他希望时间能够倒流，这样他一定不会再在获得中学义务教育结业证书前，就过早地放弃自己的学业。他来到我这里，想让我教他该如何学习。他是个很好的小伙子。我确信他能够获得结业证书，他却不这样认为。

"你想要获得结业证书吗？"我问他。

"当然，但我觉得希望渺茫。一想到要学习的内容，我的胃甚至都会抽搐。"

"考试在什么时候？"

"2月份。"他说。

"嗯。现在不要再去想结业考试了。将全部精力集中在即将开始的小学期学习上，到了2月份，你去考试就好了。你没什么可失去的，你现在就处于不合格状态。情况再糟，也不过是和现在一样而已。到时候就去参加考试吧。"

"那我能通过考试吗？"

"如果你愿意，我可以给你列一些你每个礼拜需要学习的内容的提纲。

但是要注意，一定要先完成你在小学期里需要学习的内容，之后，如果时间允许，再去学习这些内容。"

现在这个男孩已经在进行他之前不曾进行的努力，开始学习了。这本书出版之后他才会去参加考试，因此，最终结果只有在下本书中告诉大家了。但是，既然我敢把这个故事写出来，我就对他通过考试有着十足的把握。我相信他。要想通过考试，关键是要保持平和的心态，不应给自己太大的压力，也不应想着这可能又是一次失败的经历，只要现在尽力而为就好了，不要想着会有什么结果。我相信那个男孩一定能够做到，在下一次考试后取得中学义务教育结业证书。再或者他会在下下次的考试中取得证书，有什么关系呢？现在他就处于不合格的状态——没有结业证书。结果也不过就是两种：取得证书，或是保持现状。

此外，我相信他能通过小学期的学习。因为我看到他已经开始努力了，我知道，他要成为一个征服者。学习就如同生活中的所有战争一样，我们要站在寻求胜利的队伍中，而不该加入仅仅试图避免失败的队伍里。

> 那些千方百计想要避免失败的人早晚还是会失败。而那些倾尽全力想要取得成就的人最终会达到目标。

学习和考试的问题其实是态度的问题，它们考验的是，我们能否充分综合利用可以使我们获得成功的各种实际能力。所有人都有能力，那些失败的人只是没能把这些能力激活而已。

要想激发自己的潜能，我们首先要放松心情，要避免焦虑，尽量集中精神（比如在面对一场我们认为"重要"的考试的时候）。有时，我们的幻想和虚构也能在这儿派上用场。例如，我们可以按以下步骤进行：

※ 坐下来，将学习资料摆在自己面前。

※ 闭上眼睛，设想我们在学习眼前的资料，我们非常专注、放松、努力地学习，并且掌握了所有内容。

※ 接着幻想我们在休息。

※ 想象自己在考试中。我们发挥得不错，考试结果也比预期的要好很多——成绩最高或是排名最前。

※ 想象老师为我们的成绩感到惊讶，父母为我们的成绩感到自豪，我们自己则充满了成就感。

※ 设想我们再次坐下来学习，资料摆在面前，我们将会掌握上面的内容并取得好成绩。

※ 睁开眼睛，开始学习。

考试中拼运气不得不知道的3个规则

当我们将学习内容划分在有限的时间内的时候，有时难免会产生一种时间不够用的感觉，这时我们就会犹豫到底是应该选择性地学习一部分内容（寄希望于猜中考试内容，像买彩票一样拼运气），还是最好粗略地把所有内容都学习一下。

在考试中确实可以拼运气，但也要了解其中的规则。

正如我们看到的，对于有些人来说，考试是相对的、主观的、不可预测的；而同样的考试对于另一些人来说则是可以预测的。

我们拼运气，选择学习一些课题而放弃剩下的课题，要面对的其实是概率问题。一般来说，除非是在紧急情况下，否则我们不应采取这样赌博式的做法。但是，如果真有需要，我们还是要掌握一定的操作方法。

假如有一天我们突然发现自己已经没有足够时间学习考试中可能涉及的所有内容了。这时，我们不应该采取"从头开始学起，学到哪算哪"的态度。

如果我们能押一些考试中可能出现的内容，那我们通过考试的概率会大大地增加。

设想一下："如果我是老师（记住，不是学生），会从每一部分中分别选取哪些内容作为考试内容呢？"我们可以这样选择：

(1) 根据各种问题的重要性及其在考试中出现的可能性，将它们一一列出，不要有遗漏。

如果我们有时间学习一半的内容，就跟随自己的直觉，按照自己的判断，选择一半内容（有时我们的大脑会在无意识的情况下存储一些数据，我们自己也不明白为什么选择的天平会倾向于某些内容、某个答案）。第一印象往往是最准的，我们就按照自己的感觉来选择，直到选够占总内容一半的课题为止。

如果我们拥有的时间仅够学习一个课题，那就选择一个——那个我们认为对于老师来说最重要或者最有可能出现在考试中的课题。

(2) 如果我们无法用以上方法做出选择，该怎么办呢？那就用第二种方法，选择最有意义的问题。

例如，我们应选择类似于"第二次世界大战的影响是什么"这样的问题，而不是选择"第二次世界大战的起因是什么"这种问题，更不应选择"第二次世界大战的历史背景"这样的问题。尽管出现在考试中的也有可能正是最后这道题，但那就是运气问题了。

(3) 如果我们还是不能做出选择，那我们就选择能教给我们更多有趣而实用的知识，并对以后的课题学习有帮助的问题。

如果我们只能学习一个课题，那学一个总比不学强。比起什么也不会，学会一个课题后，我们通过考试的概率总是要大一些，有时说不定还真能瞎猫碰上死耗子。学习一门包含3个或9个课题的课程，总比一门课程也不学强，晚学总比不学强。道理就是这样。

学得少而精，要强于学得多而糙。如果我们学习了所有内容，但学得很粗略、不清楚，那么在考试时即便遇到的都是自己似曾相识的课题，却

依然有可能只得 3 或 4 分的成绩而最终挂科。这是因为，在答题时我们虽然知道一部分答案，但我们知道的还不够多，或者不能足够清晰、完整地将其表述出来。这时，我们就需要重新检验自己对该部分内容的掌握情况。由于我们之前仅停留在较为肤浅的学习上，因此，我们需要重新开始学习所有内容，这也就意味着我们之前在这上面花费的时间都白费了。

然而，如果我们学得少而精，就可能发生以下两种情况：

第一，我们所学内容出现在了考试中。这种情况下，我们就会以优异的成绩通过考试，因为我们已完全掌握了这部分内容。

第二，我们所学内容并未出现在考试中。即便是这种情况，我们早晚也要重新复习这部分内容。由于我们之前学习得扎实，已经打下了良好的基础，复习就会变得容易而省时，我们也就有更多时间来学习其他内容了。

如果你正在学习，并希望能在以后通过考试，那唯一的、最可靠的办法就是努力学习，掌握好所有知识。

> 我们一定要把每天学习的内容都掌握扎实，这样就不用在以后反复学习了。坚持这样做，我们早晚能够通过考试。经验告诉我们，今日事，今日毕。早做要比晚做好。

综上所述，能让我们在考试时"中大奖"、取得好成绩的最可靠的方法，就是投入时间，好好学习。我们有能力做到这一点，从现在开始做起还为时不晚，我们依然有充足的时间。就算现在已经来不及在马上就要到来的考试中取得通过或优异的成绩，那在下次考试时，我们也一定已经准备好了，那时的我们一定会比现在更加强大。

第④章

学习一个课题：循序渐进

"与你一起学习感觉非常轻松，
现在他们都觉得我更聪明了。"
12 岁的玛利亚曾在她母亲面前这么对我说。
现在她已经 14 岁了，她已经了解了自己的聪明才智，并决定以后学习医学。她是这么告诉我的，而我也相信她。

15. 如何在不想学习的时候开始学习

一个曾经迷失的男孩的故事

即便在需要开始学习的时候我们感到非常不情愿，我们一样要开始学习。我们要告诉自己："我不一定要学习，如果可以的话，之后再学也可以，但是我现在必须要做的是准时开始，坐下来，把学习资料摆在面前，让大脑预热，并尽量坚持到第一个 25 分钟的学习阶段结束。就算做不到这些，至少坐在那里也好。"

当我们在学习资料前坐下来以后，就可以试着从一些较具体、易理解、篇幅较短的内容开始学起。例如，可以整理一些笔记。不要在效率方面有太多期待，只要开始学习了就是胜利。有可能在将笔记翻开后，翻到某一页，我们看到一些内容，大脑就开始进行联想，尽管这样的思考和学习可能还不够，但是我们起码会取得一定的进展。如果我们不开始行动，就不会有任何进展，我们就会退步。

曼努埃尔是个 14 岁的少年，足球特长生，他在复读中学四年级的时候有 9 门课程不及格。按他自己的话来说："我根本无法开始学习。"他

母亲的说法也一样，只不过还多少抱有点儿希望："只要能看见他开始学习，我就满足了。"她的话给了我启发。

那时候，曼努埃尔在每天 15:00 左右放学回家。他母亲在 16:00 出去工作，19:00 回家。我背着他母亲对他说："曼努埃尔，我们按以下方法来做，你看行不行——现在你的首要任务是得开始学习。你只要能坐在书桌前并让你母亲看到就可以了，这样我们大家都可以受到激励。既然你母亲是在 16:05 出门的，那你就在手机上设置一个 15:45 的闹铃。当你窝在沙发里看电视的时候，一听到闹铃响，你就对你母亲说'我要开始学习了'。你必须在 15:45 时准时这么做，因为在 16:00 时我们就得开始学习了。此外，你一定要和你的母亲说一声，尽管你母亲可能会对你说'你不是早该开始学习了吗'。"

（孩子一直在与自己的懒惰做斗争，并试着去开始学习，然而就在他们要战胜自己，从沙发上站起来，并准备好在父母面前好好表现的时候，母亲或父亲总是会不合时宜地抛出这个问题。当孩子们听到"你不是早该开始学习了吗"时，他们就会意识到，这时不论做什么，自己想要展示责任感和学习意愿的努力都会是徒劳的。然后，他们就会感到一种想要将他们重新拽回沙发里的莫名的反抗力量，同时，他们会在心里想："我没法表现好了。即便我开始学习，他们也会认为我是出于顺从、压迫，而不是出于责任感才这么做的。我都这么大了，这简直不能忍受。"这样想着，他们在懒惰和叛逆情绪的驱使下，再也无法抵抗沙发的诱惑。他们嘴里念叨着："我这就去学习……烦死了！"身体却不行动，或是过一会儿才开始行动，这也是因为他们在正准备要去学习时，没有得到父母的肯定，从而表现出了生气和叛逆的态度。父母就是有这样奇怪的能力，他们总能在孩子就要去做某事的瞬间指责孩子还未做某事，尽管孩子可能确实做得有些晚。）

"在 15:45 的时候，你就开始行动，用你母亲可以听到的音量说：'我要开始学习了。'如果你想强调这一信息，可以在 15:40 还坐在沙发上的时候说：'我得开始学习了'。这样你的母亲就会在 3 个时间点接收到 3 条相关的信息：15:40、15:45 以及 15:50，在 15:50 的时候你要真正地站起来并走进自己的房间。在 15:55 的时候你应该已经坐定了。把房门开着，取出课本以及学习所需的所有材料，将一切准备就绪。你母亲在 16:00 与你道别时，应该正好可以看到你坐下来（佯装）学习的样子。她 16:05 出门，你在 16:15 就可以停止学习了。之后你可以开始做自己想做的事，直到你母亲到家前的 20 分钟。也就是说，在 18:40 的时候你要重新坐回到书桌前，这样，若她看到你还保持着和她出门时相同的姿势，她一定会感到非常惊讶。你能做到吗？不用学习，只要能保持待在那里就可以了。因为就如你说的，你之前甚至都无法坐下来做好学习的准备。"

我们就这样达成了一致，他也保证会照我说的做。我告诉他，一定要做到特别准时。因为从他和他母亲对我说的话来看，这样做收到的效果会最好。

之后，我又背着曼努埃尔告诉了他母亲我们的约定。我想，她在看着我的时候大概在琢磨："真是难以想象，我们大老远地跑过来找这家伙咨询，却听到这样的建议。"但她最终还是决定相信我，大概是由于她已经绝望了。

第一个星期曼努埃尔并没能遵守约定，据他说："几场比赛搅乱了计划。"他母亲给我打电话时甚至更绝望了，情绪一点儿也没有好转。我和曼努埃尔在电话中又谈了谈，他再次向我做出了保证。我毫不怀疑这次他会遵守约定，而他后来也确实履行了诺言。在我们制订计划时，我曾对他说："即便你母亲已经知道你只在开头 10 分钟和最后 10 分钟假装学习，你还是会看到她脸上的表情所发生的变化。"因为我们并不准备对他母亲说谎。我告诉他，不论怎样，一定要按我说的做。

有趣的事情发生了：曼努埃尔找到了动力去学习一些简单、容易、可及的内容以及一些新鲜、独特的东西。在他开始遵守约定的 3 个星期后，他给我发来一条微信，上面写道（我改写了其中的缩写和表情符号）："起作用了。发生了一些有趣的事情：当我妈妈在 19:00 回到家时，她不再因

为我不学习而冲我吼了。她只是进门,并从我的房门口走过。当我确定她已看到我坐在书桌前之后,就会停止学习(他是这么写的,停止'学习')。实际上,我通常会再等一小会儿,让她有时间将背包和拿着的东西放回房间。当她再次经过我的房间时,常常会停下来心平气和地和我说说话:她不会生气,也不会大吼。"

当我再一次见到曼努埃尔的母亲并将他对我说的话告诉她时,她说:"确实很有意思,虽然我知道他只学习了 20 分钟,甚至比这时间还要短,但当我看到他每天都准时坐在那里开始学习,尤其是当我看到他从沙发上起来,在我回家时还坐在房间里写作业,我就不会感到那么生气了。我变得更积极、更放松,我脸部的肌肉甚至都松弛下来了。但是,你认为他会真正开始学习吗?还是他只会一直装下去?"

他已经能够坐在书桌前了。("我根本无法开始学习""只要能看见他开始学习,我就满足了",在我们刚认识的时候,曼努埃尔和他母亲是这么说的)。

那一年,曼努埃尔在期末通过了考试。情况是这样的,当他看到他母亲放松的表情时,突然发现在他自己和母亲心中都有一种难以言说的满足感,这是一种愉悦、乐观的心情,这样的感觉唤醒了他的成熟和责任感。他感到自己也希望成为能令母亲骄傲的、负责任的、好学的孩子。"既然我已经坐在课本前了,我对自己说:'好吧,我至少要把作业写了。'之后,在我妈妈离开家后的一小时,我就都在学习了。吃过饭后,在妈妈回来前我又学习了将近一小时。在学校里,因为我总能交上作业,老师开始鼓励我,并告诉我,如果我能坚持下去的话,就一定不用再复读了。于是我就继续坚持学习了。"在期末的时候,曼努埃尔这样向我总结他的进步,就好像这是一件非常自然而又简单的事情。

曼努埃尔的故事说明,在面对非常困难、基本不可能完成的任务时,只要我们能从可行处开始着手,就都会达到目标。

有的人认为,从沙发上起来并开始学习,意味着要在整个学期学习一门完整的课程；但实际上，我们只需把自己的身体从沙发上拽起来，并让其移动到房间里，在学习资料前坐下就可以了——这很容易做到，比起患得患失地学习，这样的做法反而更加高效。

从可能处做起，从小事做起，从可行处做起，从简单做起，只要开始努力就好了。良好的开始是成功的一半。

集中注意力，提升专注度，培养学习兴趣

在开始学习前，我们需要确认自己的情绪状态，我们得给予自己将要做的事足够的重视。我们现在播种，就可以在以后有所收获并享受成果。

我们可以对自己说："我要学习的内容虽然看起来很难，但我一定能把它学好，这一内容会出现在考试中，而我肯定能取得好成绩，这对于下次测评的综合成绩来说很重要。最终，我和爸爸妈妈都会很有成就感，大家会给予我更多的尊重。因此，即便我得投入很多时间，我也一定要学好这部分内容。我有兴趣这么做，因为它能带给我良多益处。"

如果觉得累了，就学一些简单的内容。如果所有内容都很难，也要劝慰自己，就算学得再慢，比起不学，我们的进步还是大得多。

我们可以缓慢地进行 4 分钟的深呼吸，这会帮助我们集中注意力、提升专注度、有效抵御疲劳，也会有助于我们保持大脑灵活运转、清晰思考，提升记忆力。

每一个人都天赋异禀。我们生来就有学习、研究的能力，就好比鸟儿具有飞翔的能力。但是，为了能飞起来，我们需要起跳，并开始学着扑扇翅膀。开始时我们的动作可能会很笨拙，但之后就会越来越熟练，直到我们能随心所欲地飞到任何地方。

16. 我们需要记住的重点

压缩成提纲

在准备考试时，人们经常犯的一个错误就是认为学习课本就是要把上面所有的内容都记住，并在考试中将其原封不动地写在考卷上。就好比我们是用记忆将完整的课本内容照了下来，印在大脑里，并将其传送到答题纸上。

这么做的人在面对"你如何学习？"这一问题时往往会回答："我会阅读内容，然后反复数次，直到完全记住为止。"

我们可以更形象地将这一过程展示如下：

第一步：文章 A【需要学习的内容】

词语含义的分类
从说话人的角度来看，词语的含义可以分为以下两种：

词汇义：出现在词典上的词语的客观含义，所有说话人都会使用的含义。

引申义：每个说话人根据不同语境赋予词语的主观含义。

第二步：文章 B【要在考试中写出的答案】

试题：词语含义的分类

学生答案：

从说话人的角度来看，词语的含义可以分为以下两种：

词汇义：出现在词典上的词语的客观含义，所有说话人都会使用的含义。

引申义：每个说话人根据不同语境赋予词语的主观含义。

我们试图将所有内容刻在自己脑海中，并在考试当天一字一句、原封不动地把它们照搬到试卷上。

这很难做到，而且效率很低。用如此多的努力换取并不持久的效益，实在是有些浪费。只有当文章较短，考试时间又离得很近时，这种方法才可靠些，因为这时候我们发挥的是短时记忆的功能。这就好比我们在电脑记事本上工作，但并没有真正保存所写内容，当我们关闭电脑后，这些内容就会丢失。而我们早晚得关闭电脑，这只是时间问题。

为了更高效地学习，我们不应死记硬背原文内容，而是应该将内容分解开来，分别理解，精简内容，将其压缩成一个浓缩的、易于转化的提纲。这一提纲才是我们应该复制在头脑中并记住的东西，它的简单明了也更易于我们记忆。更何况，在压缩内容、提炼提纲的过程中，我们的大脑已经开始消化吸收其内容了。

由文章原文缩减而来的提纲清晰而富有逻辑性，因而更易在较短时间内记忆，也更利于我们的大脑将其转化，并与以前所学知识相融合。这就

使得我们的大脑能够更自如地控制这一提纲内容，将其与其他记忆内容或提纲相联结，从而使我们更自由地掌控它。

之后，考试中若有涉及我们学习过的文章的问题，我们就需要将压缩过的该文章的提纲解压，在考试中将其展开，并用尽可能多的语言将其表达出来。考试的结果会是：

※ 通过解压提纲并写出答案，我们可以展示出自己已经理解所学内容，并且能够完全自如地运用它，这样我们一定会获得高分。

※ 学生写出的答案往往要比原文内容更丰富一些，里面会有他们根据老师对该内容的讲解所添加的一些内容。

※ 答案的表述会更连贯、更成熟。

※ 即便这一文章内容被以各种不同方式提问，或者是过了很久才出现在考试题中，我们都可以正确地回答相关问题。

这样的方法可以保证我们获得 7~10 分的成绩，在下面的内容中我们将会学习如何实现上述过程。

我们可以将这一过程展示如下：

第一步：文章 A【需要学习的内容】

词语含义的分类

从说话人的角度来看，词语的含义可以分为以下两种：

词汇义：出现在词典上的词语的客观含义，所有说话人都会使用的含义。

引申义：每个说话人根据不同语境赋予词语的主观含义。

第二步：理解文章 A 的含义，将其浓缩成较短内容并进行记忆。为此，我们需要列出以下提纲：

图 3

第三步：文章 B，在考试中，我们扩展提纲内容，并用尽可能多的语言将其表述出来：

学生答案：

从说话人角度看，我们可以将词语含义归类为：

一方面，词汇义，它是客观的，为所有说话人共用，是出现在词典上的含义。

另一方面，引申义，它是主观的，是每个说话人在词语基本含义的基础上赋予其的新的含义。

击破每一句话

我们从文章中需要学习的第一句话开始。

现在将其缩写：用与原句相同或不同的词汇表述原句含义，但是一定要减少句子的字数。

例如，如果原文是"皇家马德里和巴塞罗那属于西班牙甲级联赛最优秀的足球队"，我们就可以将其缩写为"皇马和巴塞属于西班牙最好的足球队"。我们表达了相同的意思，但是用的字数更少，尽管只少了几个字。

对于第二句话和文章第一段的其余内容，我们也采取相同的做法。如果段落内容简单，我们可以一次缩写整段内容。反之，我们可以将段落拆

分为句子逐一缩写，用更少的字数表达相同的含义。例如：

文章

　　1869年宪法制定了君主统治制度，因而必须在欧洲诸多王朝的候选者中选出一位国王。最终被选中的是意大利萨伏依王朝王子阿马德奥亲王，他在君主制度中坚持民主主义，在1870年末到达西班牙。（85字）

缩写

　　意大利萨伏依王朝王子阿马德奥亲王在1870年到达西班牙，他是人们依据制定了君主制度的1869年宪法，从欧洲诸多候选者中选出的君主。他是民主主义者。（67字）

使用横向树状图划分内容

　　假设我们已经读过了需要学习的内容或是可能出现在考试中的试题，也逐一击破了每个句子的含义并将它们缩写为字数尽可能少的内容。现在，我们需要在一张白纸上列出一个提纲。我们将需要记忆的内容分成几个部分，将问题的大标题作为起点，用横向树状图引出每一部分内容。

　　最好不要用大括号：

三角形的种类

按角分 ── 直角三角形
　　　　　钝角三角形
　　　　　锐角三角形

按边分 ── 等腰三角形
　　　　　不等边三角形
　　　　　等边三角形

（Ｘ）

图4

也不要按数字编号排列：

三角形的种类：

1. 按角分：

　　1.1 直角三角形

　　1.2 钝角三角形

　　1.3 锐角三角形

2. 按边分：

　　2.1 等腰三角形

　　2.2 不等边三角形

　　2.3 等边三角形

也不要使用纵向树状图：

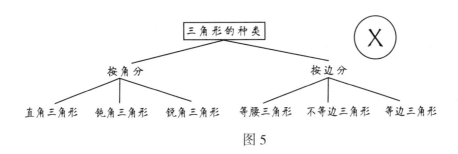

图 5

　　也不要用概念图。以上列提纲的方法对于工作和演讲来说确实非常有用，但对于记忆来说就不尽然了。我们的记忆力和扫描仪的运作类似，从左至右依次记忆会记得更牢。

　　以上提到的列提纲的方式，只可用于在阅读过程中初步组织学习内容，但也不推荐使用。当我们阅读完所有内容并要开始记忆时，我们需要列出一个横向树状图，从左至右逐步细化知识点，这是我们的记忆所习惯的"扫

描"方式。我们建议从学习伊始就使用这种横向树状图列提纲：

图 6

再举一个例子：

文章

城市结构

城市并不是简单同一的，它们由更为复杂的方式构成。从第一座城市的建立到当今时代，在城市发展演变的过程中，城市内部形成了功能各异的诸多部分，每一部分都代表了一种建设模式，并在城市整体中发挥着自己独特的作用。

中心区是城市的核心，特点是包含了聚集着古迹和古老建筑的老城区，以及集中着办公区和行政机构的商务中心。在商务中心，我们可以看到最现代的建筑。

住宅区是城市中的另一部分，主要由住宅、商业中心和休闲区构成。

最后，还有郊区。郊区的构成非常多样化。那里可以有工业区、公园、面向中产阶级和上层阶级的社区，也可能有面向下层阶级的住宅社区。

提纲

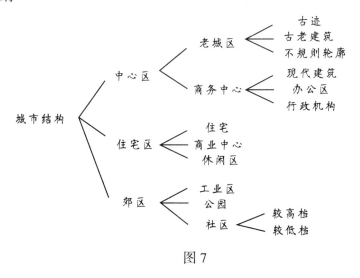

图 7

在提纲中我们最好尽可能多地使用缩略语（因为其使用受个人习惯影响较大，因此以上所举例子中基本没有涉及缩略语的使用），只要它们能够被直接识别出来就行。我们可以使用在其他场合（例如短信、微信、笔记）中经常使用的缩略语。

对于各种定义，我们也应将它们拆分成几部分，并列出提纲。例如：

文章

绿洲：孤立在沙漠中的有丰富植被和泉水的小块肥沃地。

提纲

图 8

再举一例：

文章

热能是什么？

它是物体内部粒子（原子和分子）在活跃运动时释放出来的能量，是一种很重要的能源。

提纲

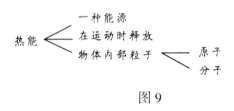

图 9

在下面的例子中，提纲里融合了定义以及更多内容：

文章

生态系统：是指在自然界的一定空间内，生物与环境构成的统一整体。在这个统一整体中，生物与环境之间相互影响、相互制约。所有生态系统都由两部分组成：有机生物和无机环境。生态系统中的有机生物包括植物或植物群、动物或动物群、微生物；无机环境包括物理环境——土壤、温度、阳光、水、湿度、压力，以及化学环境——氧气和二氧化碳。

提纲

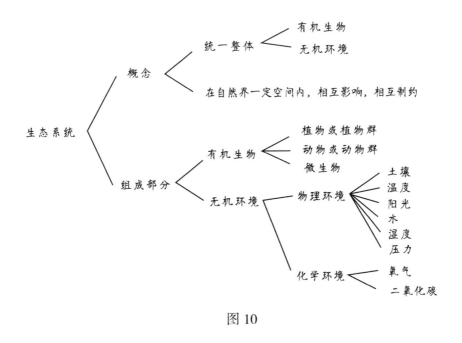

图 10

当我们把某一定义分解为几个部分，概括出一个横向树状图提纲时，我们的大脑就可以将其记得更牢固。在以上例子中，我们将概念分成了两大部分，每一部分用一个词概括，我们可以这样开始记忆。提纲更易记忆，即便在许多年后，它也依然会留存于我们的脑海中。如果我们认为这么做太费时间，不是走捷径而是绕远路，故而不列提纲；而是坚持通过多次重复阅读来记忆的话，那我们的大脑就会给自己列提纲了，尽管我们并没有将它写下来，但是大脑会利用思维提纲来记忆。但如此一来，由于我们没有在纸上将提纲形象化，因此也就无法利用视觉和触觉记忆将知识记得更牢固。

还有一些文章结构并不十分清晰，讲的是连续的故事。在记忆这样的文章内容时，我们也应划分文章的组成部分，并将其转化为尽可能清晰的提纲，用横向树状图表示出来。例如：

文章

阿马德奥一世退位

　　西班牙新王阿马德奥一世不得不面对两场武装冲突的爆发：1868年古巴独立战争和1872年卡洛斯派暴动。由于缺乏支持，四面楚歌，阿马德奥一世于1873年2月宣布退位。

提纲

图11

其他提纲和图解

　　除了以上种类的提纲，我们还可以利用一些现成的提纲或图解辅助记忆，它们也是非常实用的。这些提纲或图解包含的文字很少，然而，一旦我们的思维理解了它们的含义，就会将其牢固地记在头脑中，并能够在考试中用文字将其表述出来。那时候我们不再需要再现图解或提纲，而是可以直接写出它们所表达的内容。例如：

提纲—图解

物态变化：

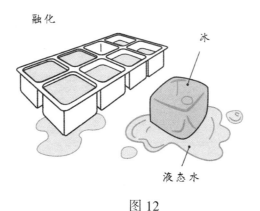

图 12

　　如果我们记住这一图解，就可以在考试中作答如下：融化就是冰吸收热量，逐渐融解，由固态变为液态——液态水的过程。

提纲—图解

空气有重量：

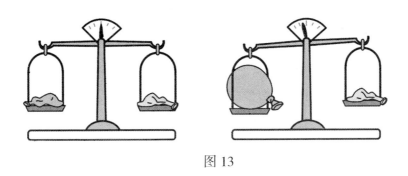

图 13

如果我们记住这一图解，在考试中就会记得空气有重量。

提纲—图解

热导体：

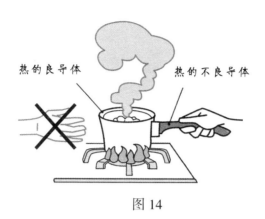

图 14

如果我们记住这一图解，在考试时就会记得，一些材料是热的良导体
（比如金属），而另一些材料是热的不良导体（比如塑料）。

提纲—图解

凝固：

图 15

如果我们记住这一图解，在考试中就可以作答如下：物质可以由液态转化为固态。当液态水的温度降低到一定程度时，就会变为固态，也就是变成冰。我们把这一变化叫作"凝固"。

提纲—图解

热导体：

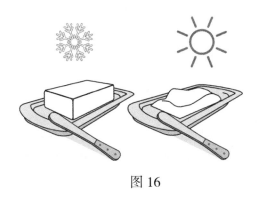

图 16

如果我们记住这一图解，在考试中就可以作答如下：热量可以在物体间传递。如果我们将一高温物体和一低温物体紧挨着放在一起，高温物体会变凉，低温物体会变热。高温物体将热量传给低温物体，低温物体从高温物体那里吸收热量。热量在物体间传递。

提纲—图解

膨胀：

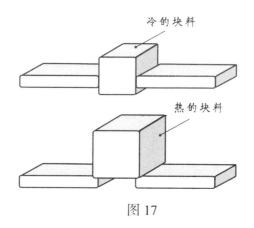

图 17

　　如果我们记住这一图解，在考试中就可以作答如下：热量会使物体膨胀。如果一个物体温度升高，它就会膨胀，也就是体积会变大；如果一个物体温度降低，它就会收缩，也就是体积会变小。因此，一个金属块在自身温度很低时可以通过的空间，在其温度升高后就不一定能通过了。热能会使所有物体膨胀。

提纲—图解

物态变化：

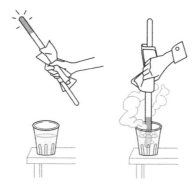

图 18

如果我们记住这一图解，在考试中就可以作答如下：热能可以改变物体的物态。众所周知，如果我们将水加热或冷却到足够程度，它的物态就会发生改变。其他物体也是如此。如果一个物体吸收了足够的热量，它就会由固态变为液态，由液态变为气态。

提纲—照片

图 19

如果我们记住这幅照片和其中的概念，在考试中就可以作答如下：海上钻井平台是用于开采海底矿藏（石油、天然气）的海上结构物，主要分为移动式平台和固定式平台两大类。工作人员会在钻井平台上居住很长时间。人们乘直升机或坐船到达钻井平台。

17. 卡片学习法——适用于所有人的捷径

如何制作自己的学习卡片

对于想要提升成绩的人们，我要给出的建议之一是用卡片辅助学习。我们最好使用硬纸板，因为比起普通厚度的纸张，前者不易折损，可以保存较长时间。

这样的卡片很便宜，在文具店或商业中心就可以买到。根据不同用途，我们可以选择不同尺寸的卡片，这一点会在之后讲到卡片的种类时详述。作为参考，卡片的大小从小到大可以是：16 开、8 开、4 开。

在每张卡片的一面，我们要写上将要学习的问题、书的标题、笔记中的标题、老师标注的内容的标题、考试中可能出现的题目或者是课堂上的问题。只写标题或问题就好。例如：三角形的种类。在卡片的另一面，我们可以写上在学习时列出的提纲（如果已经很熟练，可以直接写在卡片上；否则也可以先打草稿，再誊写到卡片上）。（见图 6）

提纲一定要非常清晰，并且不能涵盖所有内容，只要把所有要素包含在内即可。

　　每个卡片的正面都要写上标题或问题，以及代表着它在整个主题中所占据的位置和顺序的数字。例如，如果"法国大革命"是课题4，在这一课题中，我们要学习"背景"和"原因"两个问题，那第一张卡片的标题就应该是"背景"，我们可以在其正面这么写：

"4-1"指的是课题4的第1张卡片

图 20

　　第二张卡片的正面则可以这么写：

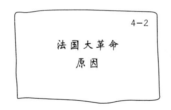

"4-2"指的是课题4的第2张卡片

图 21

使用不同的卡片

　　根据不同内容，我们可以使用不同大小的卡片。卡片上有没有条格都可以。其实，卡片最好是由空白纸制成，但是由于商店卖的多是条格纸，

所以这倒也无妨。

尽管在以下所举例子中，一些尺寸相同的卡片可以有不同的用途，但我们也可以改变这些卡片的大小，以区分其用途和内容。我们可以以此区分不同种类的卡片：

(1) 理论卡片。

这种卡片尤其适用于理论内容，例如，社会、文学、语言等学科的理论内容，以及一些学科中需要记忆的理论，例如，数学定理、英语中现在进行时如何构成，等等。

建议使用 4 开或者 8 开的卡片，最好是空白纸。

举例 1　见图 11。

举例 2　卡片正面写：勾股定理；

　　　　反面写：

　　　　勾股定理：斜边边长的平方 = 两直角边边长的平方和

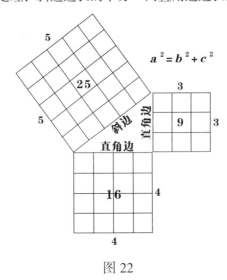

图 22

举例 3　正面写：英语中现在进行时如何构成；

　　　　反面写：

　　　　现在进行时：be 动词 + 单词进行时态

例如：I am eating.

举例 4　正面写：英语中 be 动词的一般现在时态；

反面写：

I am

You are

He is

She is

It is

We are

You are

They are

(2) 定义卡片。

对于定义，尤其是那些超过一行的定义，我们应该根据它的含义将其分解为几个部分（在词典学中叫"词元"），并将它们列一个提纲。这样，我们就更易理解、记忆其内容，也会记得更加牢固。

例如，如果我们需要记住脊椎动物的定义——"有脊椎骨、头颅，以及由脊髓和脑构成中枢神经系统的有骨骼的动物"，在卡片的反面我们可以写：

图 23

建议使用 4 开或 8 开大小的卡片，最好用空白纸。

(3)语言卡片。

如果我们需要用卡片辅助学习一门语言课程，就需要做少部分类似于理论卡片那样的用来记忆课程中的理论知识的卡片，以及数量较多的用来记忆单词、固定搭配和不规则动词的卡片。

举例1　在正面写单词的中文含义：汽车；反面写：car。

举例2　在正面写不规则动词的中文意思：开始；反面写：Begin began begun。

举例3　正面写：你是哪里人？反面写：Where are you from?

建议使用8开或16开的卡片，用空白纸或条格纸都可以。

(4)问题卡片。

在数学、物理、遗传学及其他类似学科中，我们需要记住一些例题或解题模式，这时，我们也可以使用卡片来辅助学习，在考试前复习解题方法。我们可以在卡片的正面写上问题，在反面写出解题步骤或论证过程。

大脑会自动形成思维提纲

不论我们是否在卡片上列出提纲，当我们需要记忆时，我们的大脑都会构建一个思维提纲。

当我们请别人为我们讲述一部电影的内容时，首先他得了解、记得这部电影，否则，他就不可能复述出其内容。当然，他只要记得电影的概要即可。在开始讲述之前，他的大脑会先寻找一下储存的电影提纲内容。他快速地回忆、查找，之后就开始讲述，将提纲叙述出来。他不会描述电影的每部分标题或是其评分；如果电影的第一组镜头对于剧情发展没有太大影响，那他也不会详述其内容。因为他并不是要讲述每一个镜头的内容，而是要将他在理解电影时在大脑中形成的提纲内容一部分一部分地展示出来。实际上没有人可以讲述一部他自己并不理解的电影，他最多也就是能描述出一些互相没有太大关联的镜头而已。而在这种情况下，听者更无法理解电影内容，因为他们的大脑无法领会电影的大意。如果没有提纲，我们的大脑就无法将零散的内容串联起来记忆。这时我们常说："我记得不大清楚了，但是这部电影里好像讲了……"

我们正是利用大脑的这一活动来学习的。我们将大脑在学习、理解过程中形成的思维提纲写在卡片上。说到底，我们所做的就是辅助思维更好地理解学习内容，不论是从整体上还是从部分上，从而将其记得更牢固、更长久。这样，在需要的时候，我们就可以随时回忆起这些内容，并向别人进行清晰的讲解。

为了达到这一目的，我们在写卡片时借助了触觉（触觉记忆）和视觉（视觉记忆）感官，如果我们是通过大声朗读来复习课文的话，听觉也会起到一定作用。

每个卡片就是一个清晰的内容片段

人类发明并设计了机器、电脑和网页。网页的基本构架会显示在开始菜单中，当我们点击菜单的不同部分时，网页就会出现不同的信息。

我们之所以如此设计网页，是因为我们就是这样处理、管理获取并保存的信息的，如此一来我们就能更方便地查询到自己想要查询的信息。

因此，若我们在开始学习、理解某一问题时觉得它涵盖的内容过多过广，就可以在草稿纸上将这一问题的提纲划分为几个部分来学习，例如图7中的提纲。

这样的提纲实际上涵盖了所有内容，其中既包含着我们要写在作业中

的内容，也包含着对课题的全面看法，还包含着构建问题的概念图所需的信息。我们若想对整体问题有更好的掌握，就不应把所有这些内容都放在卡片上记忆。为了记住该问题的相关内容，并在一段时间后的考试中写出答案，我们需要将这些信息分解为内容片段，做成更易于我们的眼睛和大脑记忆的卡片。这些卡片上的信息片段会更加清晰、简单，也不容易与其他片段相混淆。

我们的大脑负责将每一部分清晰的片段联结起来。在这一过程中，不会有任何问题和阻力，也基本不会有什么消耗。只要我们记忆的片段清晰即可。

只要片段清晰，我们的大脑就有能力记忆数以百万计的零散片段。这里所说的"清晰"，主要指这些片段内容明了（不与其他内容混淆），逻辑清晰，并且被很好地简化整理。只要我们能牢记每一部分片段的内容，并且了解其内在关联，我们的大脑就可以将这些片段联结、协调起来，甚至会以多种不同方式，将它们归纳整理、信手组合、完美协调。

下面我们就以图 7 中的提纲为例，来看看如何将提纲分解为内容片段写在卡片上，力求在考试时使我们的大脑能够一条一条找出需要的片段，并将它们组织为合适的表达，让我们写出出色、翔实、易于理解的答案。我们可以以这种方式更好地学习、备考，尤其是备战较远期的考试。

卡片 1

正面：城市结构

反面：

图 24

卡片 2

正面：城市结构——中心区

反面：

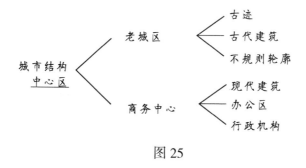

图 25

卡片 3

正面：城市结构——住宅区

反面：

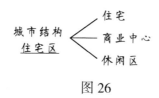

图 26

在卡片 4 中，我们在正面写"城市结构——郊区"，在反面则按照以上模式列出其划分情况。

以6个卡片为单位复习

当我们要记忆或复习某一课题时，无须再依靠课本、笔记或其他材料，只需利用我们在阅读、理解课题的过程中总结出来并写在卡片上的提纲。

在写卡片的过程中，我们就已经开始了学习。我们可以按照本章这一

部分讲到的方式，一个接着一个地制作卡片，并学习其内容。

在复习时，我们每次只取 6 张卡片，不要多拿。如果整个课题只包含 7 张或 8 张卡片，那一次拿完也可以。循序渐进非常重要，没有人能够一口气吃成个胖子，只有一步一步来，才能达到目标。

我们把最先取出的 6 张卡片按以下顺序摆放：

图 27

接着，我们就自问卡片 1 正面的问题，在试着作答之后，将卡片 1 翻转到反面，检查一下自己的回答是否正确。如果答案正确，就把卡片 1 拿走。这时，我们面前就只剩下 5 张卡片了：

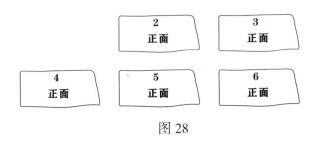

图 28

如果我们没有回答正确卡片 1 正面的问题，就将其再次翻转，正面朝上。接下来试着回答卡片 2 正面的问题。如果这次我们回答正确了，就把卡片 2 取走，将其和之后取出的卡片单独放在一堆。这时，我们面前还剩下 5 张卡片：

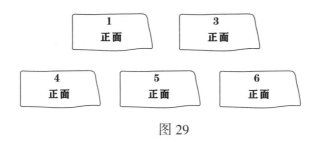

图 29

以此类推，当我们面前只剩下写着我们掌握得不太好的问题的卡片时，我们就用之后的卡片补足 6 张。例如，假设我们现在已经试着回答了最初的 6 个问题，有 2 个问题掌握得还不太好：卡片 1 和卡片 4 正面的问题。那么，接下来我们就补充 4 张新的卡片：卡片 7、卡片 8、卡片 9、卡片 10。摆放如下：

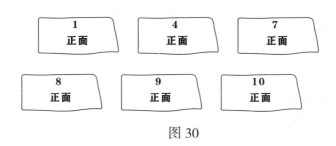

图 30

我们就这样不断地放入、取出卡片，将已经掌握了内容的卡片单独放在一堆，并继续不懈学习、努力，直到能把余下的卡片上的问题都回答出来为止。有一点一定要注意，桌面上最多只放 6 张卡片。积水成渊，随着时间的推移，我们一定能够达到目标。

卡片本身增加工作量了吗？

肯定会有人问：阅读、理解、列提纲、写卡片、记忆、复习、自查，

比起捷径，这些步骤看起来更像是在走弯路，还不如直接多次阅读学习内容直到记住为止来得轻松。

但实际情况并非如此。用卡片来辅助学习，其实更省时。而且，若我们想将知识记得更加持久、牢固，并在需要的时候顺利将其写出，使用卡片来学习无疑是一条捷径。若采取这种方法，我们从一开始就可以进入学习状态。人们常常误以为只有在进行到短时记忆的环节，我们才开始记忆；但其实，我们的大脑在阅读、理解和列提纲的时候，就已经开始记忆并构建便于之后查询的知识结构了。

若我们这样学习，就会取得进步。在接下来的考试中，我们就会看到我们的努力结出的果实。当我们在考试中面对某一问题时，学习过的相关知识会像泉水一样从记忆中涌出来。数月之后，我们也依然会记得这些知识，我们永久性地掌握了它们。这样，就没有人再会质疑我们的捷径了，因为它引领我们达到了目标——掌握知识，并获得好成绩。

做卡片并不是在增加工作量，而是在帮助我们学得更多、记得更牢。在卡片的帮助下，我们的大脑可以真正掌握知识，我们的成绩一般都会在7分或以上，鲜少再出现5分或6分。归根结底，利用卡片来辅助学习的方法，可以帮助我们节省学习时间。它为我们提供了一条捷径，以使我们获得与付出的努力相匹配的成绩，在学习中获得成就感，记牢重要的知识。它甚至能让我们在考试中答出超过所学范围的内容，因为我们的大脑有能力进行更多的知识关联，我们可以把所有知道的相关知识都写在答卷上。

18. 记忆的规律及方法——如何记忆并记住

如何才能改善记忆

> 许多人会将学习和记忆混淆。学习是一个持续的过程，记忆只是在学习过程中大脑的一部分活动。记忆也要讲究技巧。我们的记忆总有改善空间。

开始时，做一些练习会对我们有所帮助。例如，我们先看一档电视节目或是一部电影，接着，15分钟后，尝试在6分钟内从头到尾按顺序回忆看到的内容；或者先是看一张照片，之后将其遮住，试着在3分钟内回忆尽可能多的细节。

记忆的作用远远不止于帮助我们记住学过的内容。

举个例子，一个人每天上班时出了家门都会向右转。如果有一天他不用去上班，并且需要出家门后向左转，那么，在出了家门后，他的身体往往会自动地向右转。而当他这么做之后，他的意识才会纠正他。有时他甚

至会在右转后突然停下来，思忖一会儿，才转过身走向相反方向。

当我们说我们自动地做某事时，实际上是我们的记忆在起作用，它基本不受意识的控制。开始着手学习的重要性就在于此。在头一次开始学习时，我们要完全依靠意识控制自己的行为，如果感觉阻力很大，就得付出很大努力。但如果我们能坚持多次这么做，阻力就会越来越小，我们的记忆会逐渐发挥作用，它会指引我们坐在书桌前，使我们更容易地开始学习、拿起学习资料和纸、做笔记、从阅读的第一句话开始思考、列提纲，等等，我们的记忆会帮助我们更自然、更轻松地完成这些工作。这对我们不失为一种激励：因为我们知道，尽管在刚开始着手学习时，可能会比较费劲，但学习过程会变得越来越轻松，直到毫不费力。

为了记忆我们也得学习，因为它可以帮助我们更自然、更轻松地开始学习，并完成学习任务。我们可以学习很长时间而几乎不感到疲惫，因为我们的许多学习活动已经变成了条件反射。这样，记忆就发挥了其积极作用。

记忆可以帮助我们背诵、想象、回忆、联想、识别。而我们可以通过以下方式改善记忆：

※ 重复。

※ 训练感官。

※ 培养兴趣——兴趣是所有记忆的起点。

※ 提升专注度。

在以上 4 种方式中，后 3 种方式总是被人们忽略，就好像记忆只是通过一遍又一遍地重复形成的。然而事实却并非如此。

通过视、听等多种感官渠道来记忆

在日常生活中，我们常会发现，一些人的视觉记忆比听觉记忆更加发达，他们需要看到写在纸上的电话号码才能够快速记住它。另一些人则光靠听就能记住电话号码。为了便于记忆，他们会将数字分成有节奏的片段，比如两个两个的数字。这样的方法确实可以帮助我们记忆各种数字，比如：我们可以按照"六—三十二—二十五—十四—十二"的方式记忆，而不要记"六三十二二十五十四十二"，也不要记"632251412"，更不要记"六亿三千二百二十五万一千四百一十二"。尽管最后一种确实是正确的读数方式，但我们在记忆时，重要的不是如何读数，而是如何能够更好地记忆。

听觉本身就有记忆功能，就如同视觉或触觉具有独立记忆功能一样（有的人虽然说不出电话号码，但当他们把指尖放在电话按键上时，他们的手指会自动按出号码。也就是说，他们的触觉记住了按键的动作，就这样，他们记住了电话号码）。如果我们在学习过程中列了提纲，那么触觉记忆有时也可以在考试中发挥作用。比如，某物的特性总共有 4 点，但我们在考试时漏记了一点。当我们写到第三点时，我们的手会想起该内容的提纲并没有就此结束，还有一点没有写出来。这样，我们关于这一内容的记忆就会被触觉记忆唤醒，我们就可以写出遗漏的那一点内容了。

动作也可以帮助我们记忆。有时，在记忆某些内容时，我们可以辅以一些动作——就像那些必须要记住讲稿内容的演讲者所做的一样。用这样的方法我们也许可以更轻松地记住埃斯普龙塞达[1]的《海盗之歌》，比如其中的这一句，"亚洲在一边，另一边是欧洲，在他面前的是伊斯坦布尔"，当我们念到"亚洲"时，可以用右臂向右指；念到"欧洲"时，可以用左臂向左指；念到"在他面前的是伊斯坦布尔"时，则可以将两臂一同向前伸。

总而言之，我们应尽可能发挥各种能力的作用，因为它们都可能对最终的考试成绩有决定性影响。正因此，我们也应进行感官训练。各种官能间会相互促进，这些促进作用都会反映在我们的行事上。

确实，每个人的身体条件都有所不同，但不可否认，各种官能训练得越好，我们在记东西时就越轻松，记得就越牢固，回忆起来也越容易，我们观察和接收信息的能力也会越强。

1　1808—1842 年，西班牙浪漫主义诗人。——译者注

随着自身不断成熟，绝大部分人的视觉记忆会越来越发达、越来越可靠。在视觉记忆中，比起复杂内容，我们更容易记住简单内容，因此，我们就得把需要学习的内容压缩为提纲或浓缩为图表以便于记忆，在考试作答时再将其展开。列提纲可以使我们的记忆、学习事半功倍。

对于想要学知识的人，练习列提纲、锻炼视觉能力（练习在较短时间内观察到越来越多的细节）是两项非常有用的训练。

哪些内容更容易被大脑记住

我们在记忆时常常会花费多余的努力，经受不必要的挫折和阻力，因此，我们总会在学习（包括在学习中记忆）时感到疲惫，这样的疲惫会将我们好不容易积累起来的一点学习动力消耗殆尽。

记忆并不是知识的堆积，而是知识架构的建造。如果我们需要记住的众多图表（提纲）都有独特的关键标记，使得大脑在任何有需要的时候都能够依据这些标记搜寻到它们，那我们记忆起来就会更加轻松。只要我们想到关键标记，所有相关图表就会浮现在眼前，它们之间互相关联，就好像我们在平板电脑上的文件夹中观看系列图片一样，我们可以按照自己喜欢的节奏一张一张翻看图片。

对于人类来说，概述主题、观点容易，逐词复述内容却很难。因此，如果我们理解了文章内容，并将其转化为自己的东西，记忆起来就会更加容易。

什么样的内容记忆起来更省劲、不易使人疲惫呢？

(1) 令人印象深刻的经历会更易于记忆。

(2) 现实生活中的亲身经历，尽管它们没有那么激动人心。

(3) 我们在阅读或听讲时，可以通过想象将相关知识或概念变为自身经历，以此加以理解、记忆。例如，在学习斯大林格勒战役时，我们可以想象自己是一名参战的苏联士兵，从 1942 年夏天起，就在伏尔加河西岸忍受饥饿和严寒，直到 1943 年 2 月。在这期间，德国士兵不断前进，摧毁了一座又一座的建筑，他们把这场战役称为"老鼠战争"。我们可以想象，自己目睹了身边无数战友献出生命，在这场公认的人类历史上最血腥的战争中，伤亡超过 200 万人。我们可以想象，自己在战火的喧嚣、伤员的呻吟和进攻的号角中前进，我们甚至可以为胜利付出生命的代价。而此时我们已经知道，我们最终会达到目标，我们的军队会战胜意图攻占苏联的德国军队，从这场战役开始，纳粹在欧洲战场上也将逐渐走向消亡。我们可以想象，战士在战场上熬了 6 个月，每日与数以千计的尸体相伴，心中希冀着能够取胜并尽早回到家中，回到妻子和母亲身边，她们每天都提心吊胆，不知道是否还能与自己的丈夫、儿子重聚。我们可以想象，战士们为了苏联而战，更是为了他们家中的妻子与母亲而战。

之前我曾建议一名学生在学到这部分内容时发挥想象，把自己带入情境。后来，当我们再次碰面时，我问他："怎么样？学习是不是变得轻松些了？"他回答："这样的学习简直都不像学习了，我把自己想象为亲历了那场战役的一名士兵。几个小时过后，到了晚上，当我放下课本去睡觉时，我又会继续想象自己是 1942 年那名勇敢的士兵。从那时起，我就牢牢记住了斯大林格勒战役开始于 1942 年夏，结束于 1943 年 2 月。"

(4) 与其他内容有联系的内容。二者可能构成了起因和结果，也可能发生在同一时间。

(5) 无法与其他内容明确联系起来的零散内容。例如，我们几乎对其一无所知的零散物品的清单。

(6) 一些对我们来说没什么意义，但设计简约、色彩鲜艳的图表或图画（包含词语和数字），还有紧随其后的一些简易的、色彩单调的图片。

(7) 对我们来说基本没什么意义的零散的词语、数字或其他设计繁复、颜色单调的图表或图画。之所以说"基本"没什么意义，是因为如果它们一点儿意义都没有，那我们根本不可能记得住。

综上所述，我们在学习时应尽可能将学习内容套入自己想象的情境中，就像第（3）点指出的那样；或者是像第（4）点中说的那样，将其与其他内容联系起来，比如，将一个数字与一张面孔、一个地方或是一件事情相联系。这些都比第（6）点或第（7）点中提到的内容更易记忆。

对于一些学习内容，我们仅仅将其掌握是不够的，还要能够将它们完整地记忆下来。比如，如果我们想要学会一首诗，那仅仅能够理解内容、转述大意并不够，我们还要能一字不差地将它背诵出来才可以。记忆和学习的区别就在于此，我们可以将完全不懂其含义的内容记下来。

为了记住某一内容，我们首先得反复多次阅读它。读出声来有时也会对我们有所帮助，因为这时我们的听觉记忆就会协同视觉记忆一同发挥作用。听觉记忆在我们记有节奏的内容（可以是诗歌、俗语、歌曲、谚语、绕口令或是有节奏的散文）时发挥的作用尤为明显。比如，"能量既不会凭空产生，也不会凭空消失，它只能从一种形式转化为另一种形式，或者从一个物体转移到另一个物体"；再比如，"A 加 B 的平方等于 A 的平方加 B 的平方加 2 倍的 A 乘 B"。

在我们反复阅读或朗读的过程中，会形成无意识的记忆。不知不觉中，我们就记住了某些内容：广告就是最好的例子，它就是通过开发利用人类无意识记忆的能力，让人们记住某一品牌或文案的。

不论是有意识记忆还是无意识记忆，有一点是肯定的——我们掌握得越好的知识，越容易记忆。

新旧知识有关联，更容易记忆

我们更容易记住与已有知识有某种关联的学习内容。举个例子，我们按从难到易的顺序给出几组需要记忆的数列：

(1) 1 3 9 3 2 0 5 3 1 2 0 4 0 0 0 3 7 9 4 8 5 2 5 0 8 2 8 3 7 9 5 1 1 4 0。

(2) 1 1 1 1 1 1 1 1 1 1 0 0 0 0 0 0 0 0 0 0 0 0 0 5 5 5 5 5 5 5 5 5 5 5 5，我们可以记为 10 个 1、13 个 0 和 12 个 5。

(3) 1 2 3 4 5 6 7 8 9 10 11 12 13 14 15 16 17 18 19 20 21 22 23 24 25 26 27 28 29 30 31 32 33 34 35。

这也是一组由 35 个数字组成的数列，其中有的还是两位数，它比以上两个数列都要复杂，但更易记忆。或许有人会说，这是因为我们在很小的时候就已经记住这个数列了。但事实并非如此。我们还可以写出一个难度更大，我们也并未在学校背过的由 35 个数字组成的数列，这个数列中的每个数字都有 7 位，但我们依然可以轻松将其背会。当它与我们已有的知识有某种关联时，它就会更易于被我们记忆。比如：1000000 1000001 1000002 1000003 1000004 1000005 1000006 1000007 一直到 1000035。我们还可以记住更多这样的 7 位或 8 位的数字，因为我们知道它们之间的逻辑关系。基于这样的逻辑关系，我们能快速、轻松地将需要记忆的数字联系起来。虽然我们眼前总共有 35 个 7 位数，也就是 245 个连续数字，但即便是 10 岁的孩子，也只需 6~10 秒就可以记住它们。试想，我们要记住 245 个没有任何逻辑关系的数字需要花费多长时间呢？

很显然，需要记忆的内容决定了记忆的难度。

所有知识都可以记在脑子里吗？

我们无法把所有知识都记在脑子里。我们的能力不足以记住数量太过庞大的内容。毫无疑问，每个人都有自己的极限，但我们也可以通过练习拓展自己的极限。

所有人都可以记住某一词语，例如猫；也可以记住猫、狗；还可以记住猫、狗、金丝雀；猫、狗、金丝雀、鸵鸟；甚至可以记住猫、狗、金丝雀、鸵鸟、衣柜。但每个人都有极限，每个人的记忆都有一定限度。这一限度可以通过练习来拓展，例如，我们可以做"从哈瓦那驶来一艘船，船上有……"的游戏，第一个人在这句话后添加一个物品名称，并将整句话说出来。第二个人在第一个人句子的基础上，再添加一个物品名称，然后将这句话完整地说出来，以此类推。

众多研究可以带给我们一些启示：

如果我们需要记忆一些零散的、互相没有关联的字，我们要记的字数越多，记每个字所需要的时间就越长，这一时间与字数的平方根成正比。

如果我们要记忆一些有逻辑关系的内容，随着内容篇幅的增加，我们记忆所需的时间也会变长，但二者之间不成比例。例如，我们在对 20 个 16 岁少年进行的测试中发现：他们记忆一篇 50 字的文章，需要的平均时间为 3 分钟；休息过后，记忆一篇 100 字的文章，大约平均需要 8 分钟；再次休息过后，记忆一篇 220 字的文章，需要的平均时间是 28 分钟；记忆一篇 400 字的文章，需要约 60 分钟；记忆一篇 1000 字的文章，则需要约 170 分钟。

每个学生都与众不同，他们都有自己的特点，根据其独一无二的行为方式、学习动力和训练方法，他们的记忆情况都会有所不同。此外，年龄、环境、情境的不同，也多少会对记忆能力造成影响。

不同年龄记忆能力的变化规律

随着年龄增长，我们的记忆能力会经历由逐渐增长到逐渐衰退的过程：

3 岁时，我们一般可以记住 3 个连续的没有逻辑关系的数字。

4 岁半时，可以记住 4 个。

7 岁时，可以记住 5 个。

10 岁时，可以记住 6 个。

15 岁时，通常可以记住 7 个连续的没有逻辑关系的数字。

从 15 岁到 30 岁，有时甚至是到 48 岁或 49 岁，我们能够记住的连续数字基本可以保持在 7 个左右。

在 50~60 岁，我们的记忆力会有所减退，通常可以记住 6 个连续的数字，相当于 10 岁孩子的水平。

记忆等同于学习吗？

严格来说，答案是否定的。但记忆（不同于盲目地死记硬背，记忆包含的内容要多得多）确实是学习的一种方式，其中蕴含了人类智慧的精华：决心和严谨。对于严肃、长期的学习过程，这二者缺一不可。

兴趣、生活整体以及内容简化对记忆的影响

※ 我们的兴趣。

人们会学习并记忆自己感兴趣的内容。记忆和兴趣间的相互影响甚至可以达到：如果人们的直觉感到自己可以记住某一内容，就会更倾向于对这一内容产生兴趣。

※ 我们的整体。

人类会记住与某一整体有关联的内容。如果某些内容有其他内容支撑，而其本身又在支撑着另外一些内容，那它们就会被看得更重。生活就是解决问题，每个人的问题不同，这就要求我们把所有知道的有用的内容都联结在一起。因此，我们要记住对我们来说重要的内容，以便在未来能够派上用场，从而解决我们在生活中遇到的问题。

对于那些无法融入我们生活整体的内容，我们就会失去兴趣。因此，我们一定要清楚识别各种知识、内容，这样我们才不会将真正重要的东西从生活中误删。

我们的大脑会将记忆按顺序排列。因为大脑有预感，我们迟早会需要在整体内容中分别找出各种内容。在生活的大整体下，由那些分别告诉我们如何处事、如何去爱、如何激励自己、如何学好一门课程的重要内容组成的各个小整体融合在一起，构成了我们的记忆。我们从生活中获取了这些记忆，并且用它们使每天的生活变得更好。

※ 记忆的简化。

我们必须简化需要记忆的内容。正因此，本书建议利用提纲、图表辅助学习。它们不仅可以帮助我们在理解内容的同时将其整理出来，也可以让我们记得更牢、学得更活。

不对所学内容进行简化和整理，把没用的内容也都记得非常清楚，这样的做法不合理也不明智，还有些不人道。但有时老师在课堂上的确会要求某个学生把所有内容都记下来，而学生也确实会因此取得超过其他同学的好成绩，这样做如果能使大家都相安无事，也就罢了。

细化目标，分段记忆

为了更好地发挥记忆力，保持学习兴趣和动力，我们需要在背诵（记忆）某一内容，尤其是在背诵篇幅很长或包含很多部分的内容时，将其分化为较小的段落来记忆。将整体内容分段记忆，可以帮助我们从已背会的段落中获得成就感，从而更有动力。

在分段过程中，我们要注意段落的逻辑性，每一个段落的内容都得是完整的。因此，段落的长短可以有所差异。

例如，假设我们要记忆以下内容，而原文是在一个段落里介绍了维生素 C 和维生素 D，我们可以根据内容将其分为两个段落，尽管这两个段落篇幅相差很大。

维生素表

维生素 C：是我们保持视力、发质、黏膜和皮肤健康的必需营养素。它可以帮助我们抵御疾病，降低某些癌症的发病率。维生素 C 富含于奶制品以及黄色和橙色蔬果中。

维生素 D：帮助我们吸收钙质，形成并保护我们健康的骨骼和牙齿。维生素 D 富含于牛奶、鸡蛋、动物肝脏和鱼类中。

如何复习背诵过的段落更有效

如果我们需要记忆的内容不是只有一部分，而是有四部分，那如何复习比较好呢？是把每一段都依次背会，之后再复习全部，还是一边背诵一边复习——背完前两段后，先复习一下，再开始背诵第三段？

其实这两种方式都是可行的。根据每个人不同的学习习惯，我们可以以这两种方式为基础，自行选择如何记忆。在《我们奇妙的思维》一书中

的 86 页及之后几页，我给出了一个可以判定你更适合使用哪种记忆方式的测试。总而言之：

※ 如果你喜欢灵活的学习方式，对于死板的、过于程式化的学习比较反感，那你最好采用以下方式记忆：

——第一部分

——第二部分

——第一和第二部分

——第三部分

——第四部分

——第三和第四部分

——第一和第二部分

——第三和第四部分

——第一、第二、第三及第四部分

※ 如果你喜欢按部就班的学习方式，想把每一个细节都规划好，需要认真做好准备，需要制订具体详细的计划，那你就应按以下方式记忆：

——第一部分

——第二部分

——第一和第二部分

——第三部分

——第一、第二和第三部分

——第四部分

——第一、第二、第三和第四部分

170

一些有效的记忆方法

§ 宫殿记忆法

宫殿记忆法最早是由西蒙尼德斯开始使用的。他是一名古希腊诗人，生活在公元前 500 年左右。西塞罗[1] 在其著作中向我们介绍了西蒙尼德斯发现这一可以辅助人们记住长篇内容的记忆法的过程。

据西塞罗记述，有一次，西蒙尼德斯被贵族斯科帕斯邀请参加晚宴。就在他恰好离开宴会厅的空当，宴会厅突然坍塌，厅内宾客无一存活，尸体模糊，亲属难辨。但西蒙尼德斯通过回想客人在晚宴中所坐的位置，将座位次序和宾客面孔联系起来，逐一辨认出了尸体。这次经历使他意识到，将事项与地点相关联，将有助于记忆事项的内容和顺序。

于是，西蒙尼德斯就在脑海中虚构了一间房间，并把其中的细节构建得尽可能具体。他把需要记忆的第一个要素放在房间正对面的墙壁中央，把需要记忆的第二个要素放在窗户左上角，以此类推。当他想要回忆所有内容时，只需回到他虚构的房间中，从墙壁中央开始回想，这样就可以记起每一个要素和它们的排列顺序了。

诸如西塞罗、昆提利安[2] 这样的演说家都效仿这种记忆法，并将其冠以"西蒙尼德斯轨迹记忆法"的名字大加宣扬。因此，宫殿记忆法在很长一段时间内都被人们使用并获得良好成效。例如，一位法国牧师可以通过联想蒙彼利埃[3] 的街道和建筑记住 300 余个单词。普利修斯在其《记忆术》一书中，也提到了这种方法，在当时（1482 年），宫殿记忆法被许多伟大的演说家广泛使用。塞萨尔·坎图在其《意大利历史》中讲到，拉韦纳的佩德罗可以使用宫殿记忆法完全脱稿讲课，并能够倒背如流。杰苏阿尔迪修士在其《财富学》（1600 年）一书中则建议在国际象棋及其他类似游戏中

1　马库斯·图留斯·西塞罗，古罗马著名政治家、演说家、雄辩家、法学家和哲学家。——译者注

2　昆提利安，古罗马演说家、修辞学家。——译者注

3　法国南部城市。——译者注

不用棋盘，而是使用宫殿记忆法记住双方所走的每一步，直到一方将另一方将死。到了 17 世纪，剑桥的亨利·赫德森在宫殿记忆法的基础上，发展出了一种更具逻辑性的记忆方式——挂钩记忆法。他把宫殿记忆法中的地点换成了可以象征某一形象的数字，例如：

1= 一根蜡烛，因为二者都是竖长形状

2= 天鹅，天鹅的姿态很像数字 2

3= 三角形

4= 正方形

5= 手

6= 烟斗

7= 折刀

8= 眼镜

9= 放大镜

0= 橙子

那么，假设我们想要记住世界上人口最多的 3 个国家是中国、印度和美国，我们可以这样记忆：想象中国长城的城墙上放着一根蜡烛（类似数字 1），用来在晚上照明；印度泰姬陵平静的水池中有一只优雅的天鹅，就如同一幅画一样：画面的近景是水池中的天鹅，远景中泰姬陵的宫殿衬托着天鹅如数字 2 一样的形态；美国的自由女神像，手中擎着的则不再是火炬，取而代之的是一个三角形（它可以帮助我们想起数字 3）。

§ 温克尔曼记忆法

1604 年，一个名叫梵·温克尔曼的德国人，提出了另外一种后来也被广泛传播的记忆法：用英文字母代替数字，将一长串的数字转化为单词或句子来记忆。假设我们要记住数字 2119211111971，如果将字母表中的字母与从 1 开始的自然数一一对应：a=1，b=2，c=3，以此类推，那我们需要记忆的数字就可以按以下对应关系转化为字母：

a b c d e f g h i j k l m n ñ o p q r s t u v w x y z[1]

1 2 3 4 5 6 7 8 9 10 11 12 13 14 15 16 17 18 19 20 21 22 23 24 25 26 27

原来的一长串数字可以直接转写简化为 barbakarga，这比我们记"2119211111971"这一长串数字要容易多了，而且也能够记得更牢。

哲学家莱布尼茨就在研究中使用过这一记忆法；英国教师兼牧师布雷肖则使得温克尔曼记忆法更加被人熟知，在他 1849 年出版的题为《韵律记忆法》的书中，他用地理、物理、历史以及其他一些学科中的 2000 个重要日期和数据编写了一系列诗歌。

§ 配对记忆法

如果我们需要记忆一些互相之间没有关联的词语，我们可以使用配对记忆法，在前两个单词或第一个和最后一个单词间建立某种联系，并以此类推，这样一对一对地记忆要比一个一个地记忆容易一些。例如，如果我们需要记忆骆驼、剑、4 点、足球、尖、房子，为了便于记忆并记得更牢，我们可以按以下方式记忆："骆驼"在"房子"里，"4 点"他们要看"足球"比赛，"剑"的末端是"尖"的。

§ 提托记忆法

19 世纪末，数学家、教师提托·奥莱赫提出了另一种记忆方法：辅音字母记忆法。他忽略了字母表中的元音，将辅音字母根据其形象与数字联系起来。比如，"l"可以代表 1，因为它们形象相似；"n"可以代表 2，

---

1 本书原文为西班牙文，ñ 为西班牙文特有字母。——译者注

因为字母 n 里包含两竖。据此，假如我们需要记住数字 1212（托洛萨会战发生的时间），只要记住如下表达就可以了：lion lion。

数字 3 可以表示为"m"，年份 1232 则可以记为：lion man。

数字 4 可以由"t"代表；5 由"s"代表；6 由"b"代表；7 由"r"代表；8 由"g"代表；9 由"q"代表；0 则可以由"c"代表，因为 c 是西班牙语单词"零（cero）"的首字母，也因为两个相对的 c 可以组成一个 0。那些没有数字可以对应的辅音字母，我们可以像忽略元音字母一样将它们也忽略掉。

于是，lomo 就可以代表 13，salary 可以代表 517，autonomies 代表 4235，progressively 则可以代表（尽管在这个单词中，我们还得再忽略开头的 p 和中间的 v，但是因为它非常便于记忆，所以也可以使用）787551。

再举个例子，如果我们需要记住一位作家的出生年份，比如，1811 年，我们只要记住 legally 就可以了。

如果我们需要连续记忆两个年份，比如某人的生卒年份或是战争开始和结束的年份，我们也可以用词汇或短语将它们依次替代。例如，"liquid may be my quiz"代表的是西班牙内战的时间，1936—1939 年。

§ 提托记忆法（元音字母记忆）

我们也可以用元音字母替代数字来辅助记忆。由于元音字母有 5 个，但基本数字有 10 个，所以，每个元音字母需要对应两个数字，如下：

A=1 和 6

E=2 和 7

I=3 和 8

O=4 和 9

U=5 和 0

在这种方法中，辅音虽然不代表数字，但依然有一定作用。如果元音之前没有辅音字母或其之前的辅音字母在 B 到 M 之间（前一半辅音字母），那元音表示的是其第一种数字含义；如果元音之前是 N 到 Z 之间的辅音字母，那它表示的就是其第二种数字含义。例如：

mama 代表 11，maza 代表 16；Cortina 代表 486；I have no idea 代表3179321。

除了以上提到的内容，还有许多记忆法可以辅助记忆，它们被用来记忆数量更加庞大的数字，有时这些数字可以达到一二百个甚至更多。其中比较有名的有数字编码记忆法，即将数字与名词、形容词联系起来一同记忆。这些记忆法可能在大学的某些专业中会用得到，但是这里我们就不再详述了。因为它们并不常见，绝大部分学生，甚至是大学生，都基本用不到。

提升记忆力的12个小技巧

（1）看一个颜色鲜艳的物体 40 秒钟。之后闭上眼睛，试着回忆起尽可能多的关于该物体的细节。

（2）找一串尽可能长的数字，仔细观察其中 0~9 每个数字各出现了几遍。

（3）躺下睡觉时，回想一天从起床开始都做了些什么。对于那些重要事件，不论我们是犯了错还是做得对，都尽可能地回忆更多细节，同时也想想这些事件的起因和后果。

（4）尽可能逐字逐句地回忆当天进行过或是听到过的对话。

（5）在嘈杂中（比如在公交车上、大街上、橱窗前或大商场中）试着只把自己周围的对话提取出来，并在脑中将它们转化为书面语言。

（6）注意周围熟悉的人的发音方式，注意他说中文的每一个音节（如果你愿意，可以注意他说的所有在拼音表中找得到的音素）。

(7) 试着通过脚步声判断是谁在靠近。

(8) 不在纸上做计算，只用脑子想，如果我们只在日期是奇数时吃两个水果，那一个月有几天能吃两个水果。

(9) 让别人在我们面前以正常语速、略带停顿地念一篇50字左右的文章，我们试着在纸上将听到的内容一次性地誊写下来。不断尝试，直到能够较为完整地写出所有内容为止。

(10) 认真阅读报纸上的一则新闻，只读一次。之后，不再看文章，试着说出该新闻中的六要素分别是什么：什么事件？人物有哪些？什么时候？在哪里？起因是什么？经过如何？

(11) 通过在中间添加 2 个单词，将左边和右边的单词联系起来：

医院＿＿ ＿＿飞机

裁缝＿＿ ＿＿羊羔

小艇＿＿ ＿＿山

子弹＿＿ ＿＿报纸

(12) 通过在中间添加 5 个单词，将左边和右边的单词联系起来：

鸡肉＿＿ ＿＿ ＿＿ ＿＿ ＿＿剑

脂肪＿＿ ＿＿ ＿＿ ＿＿ ＿＿图画

树林＿＿ ＿＿ ＿＿ ＿＿ ＿＿盐

19. 最后一些决定性的步骤

怎样进行自我检查

当我们认为自己已经掌握了某一问题，那就拿出一张白纸，看自己能不能把在阅读和理解问题的过程中列出的提纲或图表完整地默写出来。

如果我们能够将提纲或图表默写出来，就说明我们已经了解了所学内容。但我们对该问题的学习并没有到此结束。重要的不是我们学了什么，而是我们掌握了什么。在开始下一部分内容的学习之前，我们还需要做最后一步——自查。

我们还需要回答与该内容相关的卡片的正面写着的问题。我们可以口头回答，但是必须使用书面化的语言，就如同在考试中一样。我们要按照以下要求作答：

※ 提纲中包含的部分或记号不可以直接出现。也就是说，不可以出现编号、项目符号、概括性要点或是各自独立的部分，更不能直接出现提纲，除非该问题的要求就是列提纲或绘表格。

※ 提纲中的每一部分、每一行自成一段。提纲分成几部分，答案就有几段。每部分中细化的内容以及我们在作答时想要添加的例子和数据，就放在对应部分的段落中，用句号隔开。

例如，对于图25中的提纲，我们可以按以下方式进行口头或纸笔作答：

中心区是城市结构的一部分。中心区包含轮廓不规则的老城区，那里有一些重要的古迹和古老的建筑。

在城市结构的中心区中，老城区的旁边还坐落着商务区。这里有最现代的建筑和办公区，城市中主要的行政机构也在这里。

※ 在遇到一些关键问题时，或是每隔六七个问题，我们最好时不时用纸笔作答，以便更好地检验我们对问题的掌握程度，并感受实际考试中的答题情况。

※ 如果我们按照以上要求进行了自查，并且不论是口头作答，还是纸笔作答，结果都比较满意，那么我们才算真正结束了对于该问题的学习。这时，我们对这一问题掌握得应该也已经比较牢固了。当我们在未来的考试中遇到相关问题时，我们通常能够拿到 7 分或者 7 分以上的成绩。

※ 没有按照以上过程和要求完成自查，就最好不要进入下一内容的学习。假设我们要学习一个包含 6 个问题的课题，如果我们没有按上文的描述完成自查，并确认完全掌握了第一个问题，就不可以开始第二个问题的学习。因为当我们从准备和阅读开始进入学习状态时，不同内容的插入会打断我们的记忆进程，导致我们对两个问题的学习都受到影响。

用尽可能多的语言扩写内容

做好以上步骤，我们在考试前的准备工作就完成了。我们已经压缩了需要记忆的内容，也学到了一些技巧，可以在考试中展开作答了。现在我们需要做的，就是解压提纲，并把它扩写成为答案。

为此，我们首先需要做一些关于展开、扩充内容的练习。我们可以选取某一概念，例如，皇马和巴塞，然后将其扩写，也就是说，使用尽可能多的语言表达同样的意思。我们可以将以上例子扩展为"皇家马德里"和"巴塞罗那"。之后，认真想想，还可以继续扩展：皇家马德里足球俱乐部和巴塞罗那足球俱乐部。或许我们还可以再添加一些内容：皇家马德里足球俱乐部是西班牙男子足球甲级联赛中的主要队伍之一，其主场在西班牙首都马德里；巴塞罗那足球俱乐部是西班牙男子足球甲级联赛中的主要队伍之一，其主场在加泰罗尼亚大区首府巴塞罗那，俱乐部的名称也是由此得来的。在我们学习和记忆时，要尽可能地压缩内容；而在我们作答时，则要尽可能地扩展内容。

据此，如果我们需要学习和记忆的内容为：皇家马德里足球俱乐部和巴塞罗那足球俱乐部都属于西班牙足球甲级联赛中最好的队伍；

为了便于记忆和回想，我们可以将其压缩为：皇马和巴塞——西甲最好的球队；

如果在考试中出现相关问题，我们可以将记忆内容扩展，作答如下：皇家马德里足球俱乐部是西班牙男子足球甲级联赛中最主要的队伍之一，其主场在西班牙首都马德里；巴塞罗那足球俱乐部也是一支重要而伟大的队伍，其主场在加泰罗尼亚大区首府巴塞罗那，俱乐部的名称也是由此得来的。（如果时间和空间允许，我们对这一内容又比较了解，我们甚至还可以写一些我们记得的球队荣誉，球队中的世界巨星、传奇球星和教练等。）

能够列出提纲，说明我们理解了所学内容。列提纲不仅有助于我们更轻松地记忆，还可以帮助我们取得更好的成绩。我们的答卷可以反映出我们对所学知识较好的理解和掌握程度。因此，如果我们使用列提纲的方法辅助学习，我们通常会得到 7~10 分的成绩，基本不会只得 5 或 6 分，5 分以下的成绩就更少见了。

一些提升扩写能力的练习

扩写并没有看起来那么难，我们每个人都有扩写能力。我曾有个学生，他说起话来总是喋喋不休，一刻钟都停不下来。当我们谈到扩写能力时，他却很认真地对我说："我真的没法针对某一问题侃侃而谈。"

我们所有人都可以侃侃而谈，至少我们可以在考试中自如地扩写通过提纲学到的内容。

然而，为了能够顺畅地进行扩写，我们还需要进行一定的实战锻炼。我们可以做以下练习，以便在考试中能更自信、更顺畅地完成扩写。

我们从扩展句子表述（即便只是增加一个单词）开始练习。比如，我们可以将"在西班牙内战中"，扩展为，"在那场由一拨西班牙人对抗另一拨西班牙人的战争中"。

之后，我们再试着将扩展后的句子再次扩写，例如，"在那场开始于1936年7月，结束于1939年4月，由一拨西班牙人对抗另一拨西班牙人的战争中"。

现在，我们以上述内容为例，按顺序对以下句子进行扩写。我们要添加尽可能多的单词（如果只能想出一个单词，那添一个也可以），但不要增加原句中并未涉及的内容（否则就改变了原句句意）：

(1)动物生活。

可以扩写为：动物们的生活。

(2)两次世界大战减少了人口数量。

可以扩写为：第一次和第二次世界大战造成了巨大的人员伤亡，导致人口数量显著减少。

(3)学习动机会影响学习成效。

可以扩写为：一个可以显著影响学习成效的因素，就是学习者是否具有良好的学习动机。

(4)下面，试着扩写以下句子：

① 路易斯通过了数学考试。

② 想象力非常强大。

③ 1880—1890 年，欧洲出现了现代主义。

④ 造成殖民的原因主要有以下几个方面：经济原因、人口原因、政治原因及意识形态原因。

接下来我们做下一项练习。扩展句子"我们会回到瓦伦西亚来看你的"，扩展后的句子中，至少要包含 3 个动词。

(1) 还是之前的句子，我们依旧把句子扩写为含有 3 个动词的句子，但是在扩展后的句子中要用到连词"因此"。

(2) 继续扩写之前的句子，但是连词不用"因此"，而是用"为了"，同时，扩展后的句子中至少要包含 4 个动词。

如果考试中的试题要求我们写长作文，那么，在作文第一段中，我们应首先阐述整篇文章针对题目要表达的中心思想或观点。在之后的段落中，我们可以进一步阐述原因、提出论据、得出结论或分析影响。在最后一段，我们应重复第一段中提出的论点，但是要换一种表达方式。

合理运用记忆规律，提高复习效率

每个人都需要通过复习来唤醒某一内容在大脑中的记忆。如果不复习，难免会有所遗忘。我们能否记住某一内容，取决于我们对其的兴趣，在记忆过程中的专注度、心态、状态，对记忆的应用程度，以及对该内容回忆（复习）的次数。

对于记在脑中的内容，每个人基本过一段时间就会开始遗忘，但是每个人的遗忘周期都有所不同。为了更有效地制订复习计划，我们有必要知道自己的遗忘周期。

为此，我们可以做如下测试：

把注意力集中在以下词汇表，试着记住它：在约 3 分钟的时间里，多次朗读这一词汇表，第一次低声朗读，之后高声朗读。

厨房、七、蔬菜、损坏、前来、梦想、聪慧、街道、空间、工程师、练习本、历史、国王、船、出版社、袋鼠、小道、看见、孤独、学习。

科目、游戏、书籍、电影、记忆、准确、光线、成功、优异、朋友们、游泳池、终点、父母、食品、节日、法国、夏天、荷兰、幸福、害怕。

12 分钟后，我们在纸上默写出记住的词语。默写过后，进行检查，写下记忆正确的词语的数量。1 小时后，再次默写并写下记忆正确的词语的数量。2 小时后、6 小时后、12 小时后、24 小时后、2 天后、1 星期后、2 星期后，再分别重复以上步骤。在此期间，除了检查自己每次能写对多少词语，其余时间都不要再看词汇表。我们要把每次记忆正确的词语数量记录在以下图表中：

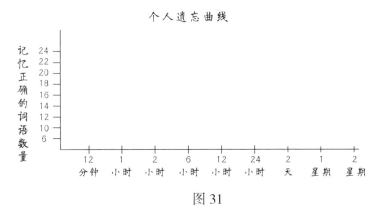

图 31

通过绘制个人遗忘曲线，我们可以知道自己在什么时候会遗忘大部分信息，不论这些信息是否重要，也不论这些信息具体储存在哪儿。

我们可以根据自己的遗忘曲线制订复习计划。也就是说，我们可以在自己即将遗忘某一内容时，再次对其进行记忆——再次学习这一内容。

再来做个测试。这次我们来记忆另外 40 个词语，举例如下：

床、三角形、西班牙、和睦相处、汽车、旅店、土地、固体、机场、进入、音乐、宁静、窗户、鸵鸟、协议、分钟、信息、然后、知道、我能。

时间、词语、温度、寂静、二、购买、重复、小组、下雨、核心、需求、暂停、女学生、宗旨、假期、成绩、期限、成就、可能、边。

与之前不同，这次我们会对以上词语进行复习。根据个人遗忘曲线为我们提供的信息，每当我们将要开始遗忘时，我们就重新学习一遍这些词语。我们还是像之前一样，定期默写并记录记忆正确的词语的数量，即分别在 12 分钟后、1 小时后、2 小时后、6 小时后、12 小时后、24 小时后、2 天后、1 星期后、2 星期后做记录。我们会看到自己的记忆发生的变化，并逐渐养成复习所学内容的习惯。例如，我们可以通过浏览一遍刚刚在课堂上学过的内容，来完成学习过后 12 分钟后的第一次复习。

第 ❺ 章

TU HIJO A HARVARD y TÚ EN LA HAMACA

最常见的问题及其解决方法

每个孩子都与众不同，

但好在他们都是孩子。

20. 一些常见问题及其解决方法

学习中常见的难题

学习中最普遍、最常见的问题有：

不良阅读习惯。

过度保护、溺爱。

视力或听力问题。

由于不确定付出会有收获，故而犯懒，不愿意开始学习。

妄自菲薄，自认为是差生：缺乏自信、对结果没有信心、缺少动力。

对某一科目、课程或老师带有成见。

对于要学习的内容混淆不清、缺乏条理。

对于学习以外的活动激动万分、充满幻想，导致二者形成巨大对立。

学习时习惯性分神，尤其是经常看智能手机。

一些会影响记忆力，使得记忆过程变得非常费力的坏习惯。

在面对需要发挥左脑主导作用的课程或老师时，右脑却在发挥着控制作用。

努力过程中没人见证，没人鼓励。

有多动症。

无法专心。

无法集中注意力。

意图通过自己的冷漠惩罚老师。

意图惩罚父母。

想要加入差生小团体。

拒绝成熟。

有失读症。

天赋异禀。

这些问题就如同一座座难以攻克的城池。但只要我们能找到正确的方向和入口，充分利用各种资源，就一定能够攻克它们。所有的难题都有解决方法。我们在前文已经探讨过了有关不良阅读习惯、犯懒不开始学习、缺乏动力、学习内容整理、学习兴趣以及记忆等方面的问题。接下来，我们就来看看另一些常见问题。当学生和家长面对这些让他们束手无策的问题时，他们往往会感到茫然而不知所措。

视力和听力方面的问题

许多学习中以及课堂和家庭作业中的问题，都和孩子较差的听力和视力有关。这一问题在 2~10 岁的孩子中尤为突出，因为这个年纪的孩子的视力和听力问题很容易被忽略。

很多 16 岁以下的儿童和青少年，常常学习不了几分钟，就觉得非常疲惫，还会感到持续的头疼，因而无法继续学习。他们很可能需要去找眼科医生进行视力矫正。当然，如果一个孩子的视力问题在其 14 或 15 岁时才被发现，那他的视力问题可能已经对其学习习惯的养成产生了不良影响，就算进行了视力矫正，他的学习习惯可能一时还是难以改变。但即便如此，尽管他已经处于青少年时代，我们还是应该让他尽可能试着培养良好的学习习惯，迟做总比不做强。

因此，从孩子3岁起的幼儿阶段，我们首先应注意的就是他的视力和听力问题。要想成为好学生，他首先要能听得明白，看得清楚；否则，我们就得想办法纠正、弥补其视力和听力的缺陷。那些失聪或者失明的孩子，可以像其他孩子一样，甚至比其他孩子更加优秀，因为天生的缺陷反而成了鞭策他们前进的动力。然而那些视力和听力有问题，却并未引起父母和老师注意的孩子，则确实会在学习过程中遇到很大问题：视力和听力的问题以及他们对此不明所以的困惑，二者叠加，变成了真正的问题。

右脑占主导地位导致的问题

相比而言，在思考时右脑发挥主导作用的学生，在学校中面对的问题越来越大。这样的问题虽然主要存在于学校中，但其影响会从学校蔓延到整个生活中。

众所周知，人类的大脑包括左脑、右脑及连接左右脑的中间部分：左脑控制理性、逻辑思维，主导记忆、专注力、造句、组织整理等功能；右脑控制感情，管理情绪，主导创造力、想象力、直觉、概括能力等功能，它使我们拥有更广阔的视野，让我们能够做出出人意料的、令人赞叹的成绩。在《你的孩子也能成为爱因斯坦》和《我们奇妙的思维》中，我详细讲述了大脑的功能和运作方式，并阐述了左右脑的灵活性及不可分割性。

然而，近来我越发觉得有必要再强调一下，我们都有左脑和右脑，不论它们是否活跃，它们都具有完善的功能（就算我们的某一半大脑无法正常发挥作用，大脑也会灵活应变，让另一半大脑承担其功能）。

　　我们都是健全的人类，我们的大脑非常发达，只是可能还缺乏一定的训练。我们的左右脑互相连接、协同作用，一同解决问题。但是自18世纪起，我们的教育体系就出现了一些问题，看上去它并不符合人类的自然发展要求，而是与其背道而驰。在所有的学校教育、考试以及学校评价体系中，人们所看重、所测评的都只有左脑的活动（由我们的左脑发起并控制的活动），右脑的运作则被排除在评价范围之外。

　　学校总是忽视右脑的发展，而把左脑的功能放在至关重要的位置。在学校教育中，只有左脑的功能是有效的、被人肯定的。这就阻碍了我们大脑效力的自然发展，从而影响我们在职场、社交和人生中获得幸福。

　　实际上，我们的大脑是一个整体，将其分为左右脑，只是从功能学角度出发进行的一种划分。由左脑或右脑发出的指令，在0.1秒之内就可以到达大脑的其他部分，这种信息的传递非常快捷、灵活，传递方式因人而异，并且每个人的大脑都有多种不同的信息传递方式。

　　在一个人3~5岁时，我们通过观察和倾听，就可以明确判断他在思考和做事时，是左脑起主导作用还是右脑起主导作用。遗憾的是，与其同伴相比，右脑起主导作用的孩子，在3~5岁上幼儿园时，会遇到更多的困难和问题，这一情况在他上小学时尤为突出。随着年龄的增长和年级的上升，在上中学时，他遇到的问题会越来越少。到了大学时期，如果他选择了适合自己的专业，那他面对的问题会更少一些。等到他进入职场，右脑的主导或是左右脑的协同作用，不仅不会给他的职业发展带来障碍，反而会使他具有意想不到的优势。他可以自然、轻易地做出一些令大部分人难以理解的行动和决定，那些用左脑思考的人会赞誉他神乎其神、高瞻远瞩、足智多谋、天资过人、奇才怪杰。

　　绝大多数人从2岁到22岁左右，也就是将近人生25%的时间，都在小学、中学、大学或者其他机构中学习。糟糕的是，在这些地方，如果你是右脑起主导作用的人，如果你敏感、富有想象力和创造力、具有较强的直觉，那么多数老师会觉得你的这些特质（正是这些特质使人类区别于最精密的机器）会阻碍你进步，阻碍你发展，阻碍你取得好的成绩。

在诸如数学、物理、历史等学科的考试中，创造性的答案是难以想象的，甚至会被扣分。然而，到了这些学科的专业发展领域，有创造力的数学家、物理学家或是直觉较强的历史学家，往往会成为世界级的大师。对于其他人来说，他们是天才，是他人的榜样。

许多成绩不理想，尤其是只获得 5 分或 6 分的学生，在学习和考试中都是由右脑起主导作用的。他们敏感，富有想象力和创造力。他们不理解为什么自己成绩不好，其他人都认为其原因是他们学起来太吃力了。其实事实却正相反，他们学起来并不吃力，真正吃力的是老师们（尽管学校里也总有一些老师可以弥补这一状况——那些由右脑发挥主导作用的老师），他们无法通过表象看到本质。

尽管也有例外，但在大部分学校里，学生在校期间都得按要求学习固定内容，写出标准答案，按照具体规定的模式行事。如果学生未能写出老师期待的标准答案，那他就会丢分，有时甚至无法通过考试。

老师们不应任由某一部分大脑起主导作用。对于老师来说，在教学中只有左脑或右脑发挥主导作用属于职业缺陷。老师们应通过练习、对学生更有耐心、尽可能理解学生等方式弥补这一缺陷。

对于学生而言，不论面对什么情况，都要能利用大脑的灵活性应对各种情境：用大脑与生俱来的能力或经过后天训练获得的能力，征服所有老师和科目。

但愿人类能够均衡发展，尽早成熟。当然，我们也不能忽视左脑的发展。

过度保护的问题

21 世纪的第一个 10 年，学习最大的敌人无疑就是过度保护。它不一定对孩子的成绩造成影响，但确实会不利于他们学习。

"过度保护"是指，为了不让某人受苦或避免其失败，不让他付出应该付出的努力，不让他解决应该解决的问题，不让他学习应该学习的内容，而由他人代劳。

许多被过度保护的学生都能通过考试，有些学生甚至可以取得比较好的成绩，尤其是那些其父母急切地、无节制地跑去学校确认其成绩的学生们。一般来说，过度保护造成的成绩下降会很快显露出来。然而，现如今过度保护的问题依然显著，父母对孩子的过度保护有蔓延至大学或其他教育机构的趋势。

这些学生一直被过度保护，甚至直到20或30岁还生活在父母的庇护下。当他们需要独自面对竞争激烈的职场和复杂的人际关系时，当他们必须展现出自己最好的一面时，他们往往不堪重负、沮丧万分。同时，他们也会给他人带来不快。他们学习的失败也就此显现出来了。这时，他们需要更加圆滑、审慎、正直、慷慨、沉着、乐观、坚定、努力、自信、执着、智慧。

如果一个人没能真正学习或自觉学习，那由此引发的失败会阻碍其自信的积累，并引出过度保护所带来的所有后果：

※ 自认为很脆弱，缺乏安全感。

※ 无法面对挫折，会将挫折本身及其消极影响无限放大。

※ 无法忍受他人对自己某一想法的否定。

※ 不能忍受期待的事物到来之前的等待，不论等待时间的长短是否确知。

※ 往往冒失莽撞，会因为一件事进行得不理想，而认为另一件事也无法做好。

※ 任性。

※ 感情迟钝。

※ 不负责任。

※ 没有耐性，反复无常。

※ 只被新鲜、奇异、遥远的东西吸引。

※ 不怎么可靠。

※ 把发生在自己身上的不好的事都归咎于他人。

※ 不公正，并且总认为自己在遭受不公待遇。

※ 逃避问题。

※ 没有礼貌。

※ 怯懦胆小。

※ 对于他人的问题漠不关心。

※ 会说谎；以虚假面具示人，自欺欺人；如果有人质疑，立刻翻脸。

※ 报复心重，不达目的，决不罢休。

※ 以上后果还会进一步引出其他问题，甚至是精神疾病。这些问题在童年时期就会显现，如今已越来越普遍。

总之，过度保护会给我们的童年时期、青少年时期，甚至是成年时期带来不快和不幸。

那些给我们过度保护的人，正是我们的父母。他们希望我们幸福，试图帮助我们排除困难、解决问题。因为他们认为，在个人、社交、学校和家庭中，很可能埋藏着会让我们变得不幸福的因素。他们想通过对我们的保护，为我们创造更易获得成功的条件。然而，他们却在不知不觉中把结果引至了相反的方向——我们会因为无能和不知满足而变得不幸。在现实生活中，我们需要展现真实的自己，需要依靠他人，需要付出努力，需要了解自己，需要去认识包围和影响着我们的现实。同时，我们也需要从错误（也就是失败，如果我们能从中学到有用的、积极的东西，那它也就不再算是失败了）中总结经验。众所周知，我们总是能在错误中学到最多的东西。

> 在现如今的学校教育中，学生要想取得成绩，要面对的最大敌人就是其父母的过度保护；排在其后的是缺乏动力和一些老师的报复行为。

过度保护也可以是由老师施与的。老师可能出于对某一学生的偏爱或同情而放宽对他的管教，不再坚持那些可能对学生非常有益的要求。这种学校里的过度保护，比父母的过度保护对学生造成的危害要小得多。

不论是哪种情况，要想解决过度保护的问题，我们就要相信，我们能给孩子的最好帮助，就是教他自己去努力，为自己的幸福而奋斗。此外，只有自己幸福不算幸福，给他人也带来幸福，才是真正的幸福。学会独立自主，自己解决问题，而不依靠父母和老师的帮助后，孩子们还应尽早学会多为他人着想，做事多考虑他人的利益和感受。同时，孩子们还要学着去认识自己、了解他人，学会宽容。要明白，生活本身就是充满困难和挑战的，要用乐观的态度面对它；要知道，当我们不再逃避困难时，在我们勇于面对问题、解决困难的过程中，我们会收获越来越多的、具有感染力的、无尽的幸福。等着别人帮我们（就算是只有两三岁的孩子）解决问题，就好比是自己拒绝幸福，而眼看着别人替我们获得幸福。

缺少归属感和个性的问题

还有一个会导致孩子缺少学习动力和兴趣的常见问题，那就是：没有归属感，缺少个性。

许多成绩不好的孩子，其实比人们想象的要聪明，只是他们无法融入周围的集体，有时他们甚至会觉得自己的生活、思考方式和兴趣爱好都与集体中的其他人完全不同，与他们格格不入。这时，他们就会试图用较差的成绩来引起父母和大家的注意，这是他们对自己每天生活状态的奋起反抗。但经过略带绝望的尝试后，他们发现，即便他们在自认为是别人强加给他们的学习和考试中消极怠工，也无济于事。

青少年常常会缺少归属感，他们会为了找到属于自己的位置、找到归属感而斗争，他们希望在能够接纳、陪伴自己的集体中，尽情地发展自己的个性，取得进步。一些成绩好的学生也是如此。很多时候，孩子成绩的下降（比如一些孩子在小学时学习很好，到了中学之后成绩却非常糟糕）确实是由于归属感的缺失造成的，他们会因此而不堪重负。但是至于为什么会缺少归属感，他们也解释不清楚。大家都知道他们有这样的问题，至少在孩子看来，他们的问题是明摆着的。那些受个人性格或家庭因素影响而成绩不好的学生，面对的问题越来越严重，他们在学业（学校生活、与学校有关的家庭作业）中不断遭受挫折；最重要的是，他们在学习中的意志力会被消磨。

校园骚扰也是造成归属感缺失的原因之一，这一内容我在《凡事皆重要如何面对感情世界》一书中有过详细介绍，并给出了相关应对建议。

正如我们曾在本书中提到的，成绩是果。要想解决成绩差的问题，就要消灭导致该问题的原因，比如审视家庭关系并将其改善，再比如提升自信心。如果父母态度变得积极，并且不再对孩子过分保护，或给孩子换个学习环境，当影响孩子学习的负面因素消除后，他就会重新开始好好学习了。通常，这样的改变会换来孩子的好成绩，尤其是当他已经在较高年级时，效果会更为明显。

如何应对孩子的手机瘾

如今，许多孩子拥有智能手机，他们的父母常说："我家孩子不好好学习，都是手机的原因。他每天手机不离身，心一直在手机上。"一些家长甚至把手机看作了一种标志："我知道，要是他带着手机，就一定不会

学习。"

从 8 岁（或者是从拥有手机的时候）起，一直到学业结束，孩子们都会有一种强烈的感觉，那就是要把手机放在身旁，以便与他人联系。这样的"手机瘾"会造成对手机的依赖，使人养成手机不离身、定时查看手机的习惯。

在学习时，孩子不一定必须要把手机放到书房外，但是要能通过自我约束，把手机使用和阶段性学习协调起来。对此，这里有以下几点建议：

(1) 开始学习时，孩子必须把手机调至没有振动的静音状态。如果手机配置无法做到这一点，就必须关机。

(2) 将手机放置在附近的抽屉里。如果抽屉在伸手可及的地方，那就更好了。我们没必要禁止孩子的娱乐活动，特别是手机以及其中的来电、短信和微信又具有如此大的诱惑力。重要的是，要培养孩子的自制力，要让他们学会自己抵御娱乐活动的诱惑。

(3) 当我们把手机放到抽屉里，我们看不见它，也摸不到它，但是知道它就在我们身旁。要知道，我们现在多少都有"手机瘾"，如果 48 小时没有手机，我们一定会感到不安、焦虑、烦躁——这些都是当我们的某种"瘾"无法得到满足时，我们会表现出来的不稳定情绪。

(4) 我们每个阶段的学习时间不一定要很长，当我们想看手机时，就对自己说："现在不行，但是过不了多久（可以看看手表，计算一下距离下次休息还有多长时间）我就可以查看手机了，如果有人联系我，那我就到时再回复他。"

(5) 到了学习阶段间的短暂休息时间，就可以打开抽屉，拿出手机，尽可能地利用休息时间回复信息。

(6) 休息结束后，将手机放回抽屉，直至下一次休息时再取出。

在我们学习时把手机放在身旁没什么不妥，手机与学习并不冲突。比起硬生生地克服对手机的依赖，在学习时把手机放在身旁的抽屉里，而不对其分心，操作起来还是要容易多了。

21. 一些个人问题及其解决方法

如果你的孩子有多动症

如今越来越多的学生都有多动症，他们很聪明，却无法像其他同学一样在正常环境下考试。这可能与他们的饮食有一定关系，也可能与他们在生长环境中受到的多媒体文化影响有关，抑或是由于他们崇拜一些爆发力强、有感染力的成人音乐。总而言之，我们发现有多动症的人越来越多。这并不仅仅是因为我们现在才逐步重视这一问题，而是每年确实有越来越多的人成为多动症患者，受其困扰。一直以来，总有一些孩子和成人会异于常人的活跃，从小到大，他们总是无法停止活动或停止说话，一刻也闲不下来。与其他人相比，他们也更不易在学校中有出色表现：他们其实都有多动症，不过之前我们只是简单地说他们过于活跃了，而并没有将问题复杂化（或者有时候也将其复杂化了）。

现在，我们把他们的问题贴上了多动症的标签。如果条件允许，他们可以吃一两种相关药品，通过几个月的药物治疗，或许可以解决他们在学

校中遇到的问题，使他们更专注、更高效、更守纪律。

> 我们绝不能忽视多动症的问题。父母和老师都不应将多动症与不听话、缺少兴趣、没有毅力、信念不坚定混为一谈。

但这样的做法是非常不公平的。有多动症的人也很聪明，他们也想开始努力，只不过在人们以普通节奏做一件事的时候，他们已经做了三件事。到底是谁有问题呢？是那些多动的人，还是其余那些正常人呢？

在一个冬天的晚上 8 点，哈维尔来找我咨询，他是一个有多动症的 10 岁男孩。他学习很努力，也很聪明，却总是挂科。他把我当作朋友，因为当我看到他如此听话、如此努力却难以在学校取得应有的成绩时，对他的处境表示了完全的理解。他的老师们却一直重复着一些陈词滥调："他还不够成熟，再复读一年是有好处的，这样才不至于在之后的学习中落后太多。"得出这样的结论，说明他们对于哈维尔的状况和潜能还不完全了解。

那天晚上，当哈维尔的母亲走进我的办公室时，她对我说："今天我们可能要一无所获了，因为今天早上他没吃药，现在非常非常紧张。"他看起来状态是不大好，手指快速敲击着桌面，并且在经过了一天的学习以及一路的颠簸后，显得非常疲惫。要知道，在车上他还做了一部分家庭作业。

那天的经历让我感到非常惊异。我们的谈话进行得比以往都要快，我禁不住想："他是真的有多动症吗？还是只是比一般人更容易紧张？"

如果哈维尔的反应是由没有多动症的普通人做出来的，那我一定会觉得他只是比较容易因为某一件事而暂时变得慌张、紧张而已。但是哈维尔有多动症。他确实会慌张，然而他也只是节奏与其他人不同而已，他无法控制自己，使节奏慢下来。

"我们现在开始，好吗？"我问他。

"好的，当然。"他一如既往的听话。和往常一样，我试着与他一起列一个问题的提纲，以对我来说更快的节奏。

我发现我们进行得非常快，以至于我得比较费力才能跟得上节奏，但是哈维尔得心应手，学得又快又好。那时我突然明白，之前他都是在药物的作用下，在很疲惫的状态下和我进行练习的。这次他的速度要比以往快很多。哈维尔的母亲坐在房间最里面，当她看到哈维尔有着如此高的学习效率和我为了跟上进度而费劲的样子，整个人已经惊呆了。我们只用了一个小时，就完成了平常需要3~4个小时才能完成的学习内容。其间，他完成了阅读、理解、讲解、压缩内容、列提纲、记忆以及扩写、回答问题等步骤，而且，他不只回答对了一个问题，而且完整回答了三个问题。他完全掌握了学习内容。

在面对节奏极其缓慢的考试时，尽管他提前两天就已做好充分准备，也有实力取得好成绩，却依然会挂科。我想起了某个学习结束后的下午哈维尔的老师对他的母亲说的那番话："他还不够成熟，再复读一年是有好处的，这样才不至于在之后的学习中落后太多。"

有多动症的人无法在有10道普通试题的考试中自然地作答，从而取得好成绩，这就如同他们无法一动不动地注视着老师。

然而，如果老师能够经常关注有多动症的学生，多在他们身边徘徊，在讲解内容时，时不时地拍拍他们的肩膀，让他们坐在教室的前几排，与自己离得近一些，就可以避免他们因紧张而不自觉地乱动。通过这些方式，老师可以在不影响其他学生学习的情况下，加强与有多动症的学生间的沟通，帮助他们解决问题，激励他们学习。

如果讲课内容划分合理、精彩纷呈，那有多动症的学生的反应也会变得非常不同。如果你对此有所怀疑，那可以去看看那些被大家认为永远无法安静下来、一直动来动去的有多动症的人是如何在看电影时保持两个小时静坐不动的。这时，他们只会动动手、腿、眼睛、嘴唇、舌头，或是有一些内心活动，也就是发动一下思维和想象。儿童影片制作人就非常清楚，

只有将电影剧情划分为非常紧凑、短小的情节，拍出令人眼花缭乱的画面，孩子们才会被完全吸引而忽略时间的流逝，从而在一个半小时里保持不动，直到电影结束。如果我们让现在的孩子去看 20 年以前的电影，即便电影是动画片，或者讲的是他们喜欢的故事，他们也会觉得冗长拖沓，无法忍受。

一个班级中若有一个有多动症的学生（一个 25 人的班级中，通常会有 1~2 个患有多动症的孩子），那么整个班级的发展都会因受他影响而变得不同。在面对有多动症、失读症，或是性格胆怯、追求完美、易焦虑、缺少关爱、没有自信、学习动力不足的学生时，老师可能不一定有相关经验，因此，就会有一些辅导班或者特别课程为这些老师提供相关指导，使他们能够更好地履行教师的职责。他们的工作对于个人、家庭、社会来说都具有至关重要的作用，而这些辅导班和特别课程给他们带来的改变，则可以使他们更加适应现如今个人、家庭、社会对教师提出的各种要求。

与此同时，我们也不应忘记，老师的善意、关爱、理解和职业修养，可以在一定程度上弥补一些特殊经验的缺失。我们能做的其实还有很多，毕竟，有多动症的孩子最重要的特性（是特性，不是差异性），就是他们也是平凡的孩子，他们只是有一些自我活动控制方面的问题，而并没有任何疾病。他们以自己的方式生活着，和所有人一样与众不同，而不是什么另类，他们应该被我们温柔对待。

§ 多动症学生的考试

有多动症的儿童或青少年参加考试时总想提前交卷。就像所有那些考试挂科的学生一样，他们认为，考试最快乐的时光从交卷开始，到老师阅完卷为止。

以上这一点是所有考试挂科的学生共有的特点。除此之外，有多动症的学生通常会先看第一道题，在脑中想出答案，但并不在卷面上作答；然后开始看第二道题，在脑中想出答案，但是依然不作答；第三道题也是如此。

当他开始在脑中想第三道题的答案，然后突然发现自己还没有在卷子上写任何内容，时间又在一分一秒地过去时，心里就会开始紧张，并感到越来越焦虑，但他们依然没有动笔。如果别人知道他们的想法，就会了解他们脑中已经有了三道题的答案；但如果人们不知道他们的想法，看到的就只会是卷子上的一片空白。

他们脑中所想的答案一点儿用处都没有。他们明白，即便自己什么都知道，也还是会得 0 分，因为他们并没有将答案写在卷子上。他们想要开始作答。但是，在他们还没有写出任何能在老师评卷时派上用场的内容时，他们已经感到疲惫了。他们越来越焦虑，想要尽快结束考试，尽早交卷。但他们仍然没有开始作答。

这时，另一个几乎没有写出任何答案的学生交卷了。他们非常想效仿其做法，但又不愿这么做，因为他们知道答案，并且希望能通过考试。他们想取得好成绩。他们想到了自己的父母，想到了考试前夜帮助自己复习的母亲，这让他们变得更焦虑了。他们学得非常努力，并且考试前一天就已经掌握了所有内容。但是，这一次的努力恐怕又要白费了。想到父母对自己的期待，他们的焦虑又增加了一些。

他们开始回答第一题，同时会瞟一眼第四题，以确定自己也知道接下来的题目的答案。各种答案一哄而上，涌入他们的脑海。他们试着控制自己，并努力尝试答好第一道题。但是他们又太想赶紧去回答第二题、第三题、第四题乃至剩下的所有题目了。他们或许会把剩下的题也都扫一遍。就在这样的情形下，他们答完了第一题。为了追求速度，他们只写了最基本的答案。他们并没有专注于自己知道的内容或是可以作为答案的内容，而是猜测着老师可能想要看到的内容。

在做第一题时，他并没有写出自己所知道的全部内容，在第二题中就写得更少了。他们认为自己第一题比第二题答得更好、更完整。然而，实际作答情况却远不如想象中那么好，因为他们分析的是自己在脑中构思的内容，而他们其实并未将脑中的内容都写在答案中。尽管已经答了两题，

让你的孩子
上哈佛

但当他们发现自己第二题答得太过简短时，焦虑感不减反增。

他们在压力中开始了第三题的作答，心中还不断想着第四题和第二题。通常，当他们做到第五或第六题时，就会感到筋疲力尽了，写出的答案（通常他们都较为确定地知道答案）往往越来越简短，给人造成他们并未掌握相关内容的感觉。

一般情况下，最后三四道题他们回答得都不会太好：要不就是答得太简略，要不就是根本空着没写。因为他们要在脑中想那么多问题的答案，时间实在是不够用。此外，他们不仅筋疲力尽，还会最终屈从于想要在考试结束前提前交卷的执念。他们知道，从交卷那一刻起，最快乐的时光就到来了。由于考试成绩还没出来，他们什么过错也没有，还可以大言不惭地对父母说："我觉得考得还不错，应该能及格。"

如果我们在考试前一天，问那些特别努力的有多动症的学生考试中的问题，他们往往能够给出正确答案。但是如果考试题目超过5道，那么这一考试对于他们来说就太过漫长了，他们最终往往只能得到3分或4分的成绩。在一次又一次的考试后，他们的失败情绪不断累加，最终无处释放。那些聪明又努力却有多动症的学生的悲剧，就是这样一步步酿成的。

然而，这一状况可以被改变。

§10分钟内从3分到7分

恩里克曾是一名中学二年级的学生，那时他的多动症还没有确诊（现在已经确诊）。他非常聪明。当时他总坐在教室最后一排的角落里。

在我给他们班进行的第一次考试中，开考后仅20分钟他就交卷了。那次考试共有10道题，而他只做了前4道题和第九题。

我感到非常惊讶，因为他平常在课堂上非常努力，看起来也异常聪慧。教师的虚荣心让我不愿承认，是因为自己讲解不清，所以导致他没有掌握试题中考查的内容。按他的水平，他应该在课堂上就已经把知识吸收得差不多了，回家之后基本不需要再怎么学了。因此，当他把卷子递给我时，我问他："怎么样？"他答道："还行！"

我看到他试卷上的第五、第六、第七、第八和第十题都空着，什么也没写。由于他是第一个交卷的，待着也是无聊，于是，我跟随直觉的指引，对他说："坐这儿，恩里克，如果你不介意的话，可以坐到我旁边，帮我一起监考吗？"

他坐在了我旁边。他的同学们就在我们面前进行着考试，教室里鸦雀无声。半分钟后，我低声问他："关于这一题，你还有什么知道的吗？"我指着他一个字也没写，就那么空在那里的第五题问道。很显然，他抓住了我问话里的重点"还有什么"，回答道："嗯，我不大确定，不过……"然后，他答出了正确答案的前1/3部分。"还有别的吗？"我继续问道。接着，他就把答案的剩余部分也全部回答了出来。

我不动声色。我们二人也并不在意自己仍在考场中，而他的同学们就在我们身旁奋笔疾书。我对他说："啊！这样你就得到了这一题的2分。那第六题呢？你有什么知道的吗？"

恩里克做出了完美的回答。我鼓励他道："非常好，再得1分。你现在有5分了。那么再试着回答一下第八题吧。"我跳过了第七题，因为这道题很长，而我又不想打断他的得分势头。相比而言，第八题简短又容易。

恩里克第八题也回答得很好，于是我在答题纸上这一题的空白处又给他加了1分，这样，他已累计得到了6分。接着他对我说："如果您愿意的话，我也可以回答第七题。"结果这一题他也完全答对了。

我让他继续回答剩下的第十题，但当他看到自己已经得了7分，想也没想就对我说："不，不，这一题我不会。"

我说："好吧，非常好，你得到了7分，现在你可以回去了。"

他站起来，骄傲地回到了自己的座位上。但没过一会儿，他又走过来小声对我说："如果可以，请您明天再考我一遍第十题。"

第二天，恩里克提出要坐在第一排。

这一经历让我思考了很多。在之后的一次考试中，我只出了 4 道题。当然，每道题中都需要答出更多的内容。如果从这样的角度考虑，考试似乎是更难了；但对于恩里克来说，如此一来他就有足够的时间完成考试了。其实这对于其他学生来说同样也是有利的，毕竟，在 1 个小时内回答 4 道题总比回答 10 道题要轻松一些。

那次考试，恩里克得了 8 分。但同时我也开始疑惑：他成绩的提升究竟归因于什么呢？是因为多动症使他更适合简短的考试，这样他才不至于陷入慌乱，得以答出问题的重点和关键吗？还是说，只是因为在上一次考试中，我给了他积极的鼓励和信心？

为解开这一疑惑，我在代课的其他中学及大学预科班也做了相同实验，减少考试试题，并观察多动症学生的考试成绩。结果，他们都通过了考试。为进一步确证，我在我所教授的科尔多瓦大学神圣之心教师学院的两门课程的第一次考试中，也进行了实验。结果显示，如果考试不超过 20 分钟，并且只有 3 道较为简短的题目，那么即便试题很难（但学生们不知道这一点），所有有多动症的学生也能够答得很好，完全可以通过考试。而许多只靠死记硬背，没有真正理解知识内容的学生成绩则非常不理想。针对这些学生，我又制订了其他教学计划。

如果你的孩子无法集中注意力

通常，那些在做某件事时非常专心的人，往往会在做其他事情时容易走神。而我们所说的"缺少注意力"，其实不过是我们的注意力比较容易被各种事物所吸引。

事实上，注意力不会自发产生，它也是一种结果。当我们相信自己的努力一定会有所收获，甚至会换来丰厚的回报时，我们才会去集中注意力。

> 为了集中注意力，我们需要耗费一定精力，并且时间一长也会感到疲惫。但是我们的疲惫感和耗费的精力，都与我们做事时的动力、兴趣和情绪有关。

如果我们渴望达到的目标，需要通过努力集中注意力来实现，而这一目标又完全值得我们为之付出努力，我们就会尽力集中精神去做事。那些经常集中精神的人往往更易集中注意力，而那些容易分心的人则需要付出一定努力才能集中注意力。

如今，缺少注意力和专注度不够，都是经常被提及的话题，二者也常被人们混淆。缺少注意力其实并不多见，专注度不够却是我们经常会遇到的问题。

"专注"是指我们在做某事时试着集中并保持注意力的状态。那些习惯于通过智能手机、平板电脑、电子阅读器或智能电视看电影、看短视频、接收信息或是资讯的人，往往会有专注度不够的问题。也就是说，绝大部分现在和未来的学生都有这一问题。

现如今，人们的注意力往往被各种各样的事物所吸引，而很少真正专注于某事。这一情况在未来几年中都不会改变。我们与其抱怨现状，不如改变介绍和传递信息的方式，使其不仅能吸引人们的注意力，又不需要人们投入不必要的精力和专注度。学校里教授的内容都应该简洁而吸引人。而我们经常遇到的问题就是，一些学生认为学习内容对他们来说并没有什么吸引力。

无论如何，聪明、有智慧的孩子（他们应该学会动脑筋，尽管现在这并不是大势所趋）之所以更易取得成绩，也更具领导气质，是因为他们懂得利用智慧控制自己的注意力，从而在自己不感兴趣、认为没有吸引力的内容上也投入一定的注意力。同时，他们也有能力使自己保持专注，克服

令很多人感到畏惧、痛苦的问题。而大部分人在遇到不吸引自己的内容时，往往会找借口，"我实在无法集中注意力"，或者是"我很难专注起来"。

如果我们采取积极的努力，那么一切都可以改变。

如果你的孩子有失语症

尽管现在出现较多的还是多动症的问题，但也有越来越多的中学三年级学生由于患有失语症而导致成绩不好。"失语症"是指与语言功能有关的障碍，通常表现为读写障碍。患有失语症的人通常有以下表现：

※ 有阅读障碍。在学习、做笔记、看黑板时很快就会感到疲惫。

※ 害怕老师让他们大声回答问题或在大家面前朗读，担心暴露了自己有失语症。他们经常退缩，会在课堂上用其他行为逃避问题。

※ 看上去不听话、没条理，实际上却并非如此。

※ 非常敏感，习惯于用面具隐藏脆弱，保护自己，因此通常表现出挑衅、骄傲的态度，不愿承认自己的错误，这让大人们十分失望。

※ 如果他们能道歉，随之就会表现出极大的愧疚感，但他们依然会将自己的失语症隐藏起来。

※ 他们并不十分了解自己的失语症。他们认为自己并不像偶尔看起来的那样聪明机智，而是非常愚笨。

※ 通常有一个不为人知的丰富的内心世界。

※ 为了克服失语症，他们会进行一些无力抵抗。他们或开始学习，或强迫自己开始学习，或因为无法开始学习而遭受折磨，但情况并无好转，他们也不知道该如何解决问题。

※ 他们总是沉默不语，并最终认为自己根本不是学习的料。

※ 因为不了解，所以他们不会做那些有助于缓解失语症的练习。

那些患有失语症的青少年也可以取得好成绩。在《我们奇妙的思维》一书中，我介绍了一些具体方法。其实失语症比我们想象的要更常见，也隐藏得更深，如果我们去求教有关专家，他们一定会帮助我们找到解决问题的关键（在从孩童到成人的过程中，所有人都要渡过一个诵读困难的阶段）。失语症的表现很有意思，因为我们已经习惯了视觉神经和大脑对事物的观察方式，也习惯了它们对物体和图像位置的感知模式，这为我们解决问题带来了一定的困难。

如果你的孩子天赋过人

过人的天赋往往在孩子年纪很小时就会被展现出来，但是一般在青少年阶段（10~12 岁）的学习开始后，它才会逐渐导致学业的失败和个人的失意。天资过人的学生总是无休止地被所谓的正常与否的问题所困扰、拖累。

那些在很多方面或是在某些方面天资过人的学生，会为自己与一般同学不同而感到不解和焦虑。他们与其他同学的行为方式不一样，举止、提问和解决问题的方法也都不同。当他们感到自己被集体排除在外时，就会变得烦躁、叛逆，并通过冷漠和自暴自弃来表示反抗。

所有人都很聪明，即便是患有某些疾病的人也是如此。然而，我们人为地建立了一个统计标准，用以评价人们的智商是正常，还是较高或较低。如果一个人在我们为此设置的测验中取得了低于标准的成绩，我们就认为他的智商比正常水平要低一些（这种表述和评价方式都很值得商榷）。反之，我们则认为他天资过人。

实际上，在正常标准以内的人们也都各不相同。比如，处于标准上限和下限的两人之间可能就有很大的差距。一些被我们认为天资过人的人，其实也是普通人，只不过他们的智商略高于平均水平而已。

这些人以及那些真正天赋异禀的人，在面对学校针对一般和较低资质

的学生设置的教学内容时，往往会感到无法发挥自身才智。即便他们努力集中注意力，尽量提起兴趣，听从老师安排，一直坚持学习，也还是会感到难以适应。

那些天资较高的人的智商高于平均标准，而这一标准如今越来越低。过高的天资会给这些人带来很多问题，天资越高，问题越多。有时他们甚至还会受到情绪、社交和情感发展等方面问题的困扰。

不论是那些在某些方面天资较高的人，还是那些真正天赋异禀的人，他们都需要被当作普通人来对待。因为所有人都是普通而与众不同的，他们不想成为其中的另类。

一次偶然的机会，我认识了一个精神病专家。他不断地吹嘘着自己正在为一些在学校里展示出特殊才能（对于人类智慧可以达到的限度，他们还差得很远；此外，他们的这些才能基本没什么实用性，也不是有助于人们获得幸福的能力）的学生去美国学习做准备，他要让这些孩子在年仅16岁时就去美国接受大学教育，这一年龄甚至还未达到美国学生进入大学学习的平均年龄。他向一些学生的父母讲述了他们孩子的大脑如何聪慧（他们确实很聪慧），并告诉他们，这些孩子一定能够提前两年顺利完成在美国的大学学业。

听完他的讲话后，我问他："但他们如何在情感上融入班级呢？他们能很容易与其他同学建立起友谊吗？还是其他人会因为他们比自己小两岁，又是外国人而排斥他们？他们可以和比自己大两岁的女孩正常恋爱吗？要知道，女孩的心理年龄本身就比同龄男孩的心理年龄大两岁。"

那个精神病专家不知深浅地坦白道："当然，我必须承认，在至少两到三年的时间里，别人会把他们看作是乳臭未干的小毛孩（这是他的原话）。他们要想融入其他同学中间，确实会比较困难，有时在与老师的沟通中也可能会遇到问题。但是他们的智力绝对跟得上学习进度。"

"那么他们幸福吗？"我继续问道。

他答道："至少在学术领域里他们是幸福的，他们会为自己感到骄傲。

至于在情感上，那肯定还是在国内要幸福一些。"

这个精神病专家还认为，尽管那些孩子在情感上并不幸福，但总有人会因此获得情感上的慰藉。

在面对天资过人的学生时，我们应该注意以下几点：

※ 不论他们智商如何，归根到底他们都还是青少年，他们有正常的情感需求。

※ 老师、父母以及周围的大人都应注意，这些学生天资过人，反应很快，与常人的思维方式有所不同，但他们也会由于涉世未深而显得有些冒失、骄傲。在与他们相处时，大人们应该有耐心，多理解，设身处地地为他们着想，给予他们适当的关心和爱护。

※ 用卡片辅助学习的模式对于天资过人的孩子来说非常理想，因为他们可以根据自身情况加快学习节奏，拓展学习深度，延伸学习广度。

※ 最重要的是，要在保证孩子正常生活的前提下发展其能力。因为孩子拥有的最宝贵的东西，既不是他的聪慧和敏捷，也不是他的各种才能，而是他作为人的尊严，他的爱与被爱的能力——他获得幸福的能力。要知道，获得幸福才是最终目标，其他种种则只不过是辅助我们达到目标的手段。如果孩子的能力能够帮助他们达到目标，获得真正的幸福，那它就是有用的；反之，如果它阻碍了孩子获得幸福，那它就变成了孩子成长道路上的障碍。

22. 更好地书面表达

手腕、整洁度、间距控制练习

要想在考试中取得好成绩，我们还需在书写上多加注意。当我们写错答案需要进行修改时，不要涂抹得太乱，把要去掉的内容以清晰、明了的方式划去即可。例如：

错误的划去方式：

那些 ~~特点~~ 结果

图 32

正确的划去方式：

那些 (~~特点~~) 结果

图 33

绝不要在考试、作业或是要交给老师的其他手写内容中胡乱涂改。

在纸张的上、下、左、右分别留出至少1.5厘米，也就是约两指宽的边距。这很好控制，因为不论去哪里，我们都一定会带着手指，在考试中当然也是如此。

以上两点都会对阅卷者或判作业的老师起到积极的心理暗示作用。

大家都知道，我们的字体会在很大程度上决定老师对我们答卷的印象，有时甚至会直接影响到我们的成绩。有的人认为字体是我们无力改变的东西：一些人的字体就是很好看，而另一些人的字体就是不好看，对此我们无能为力。字体可以反映出我们的个性，它确实不那么容易改变，但是，我们的字体也会随着我们情绪状态的变化而变化。我们是否有创造的意愿，是否想写出一些好看又有艺术性的东西，是否想要将其永久保存，是否写得很仓促，是否有兴趣写，这些都会对我们的字体有一定影响。同时，别人是否会看到我们所写的内容，我们是否写得很勉强，我们是很快就得复习所写内容，还是过一段时间才要复习，或是可能再也不会复习，某人是否会阅读我们所写的东西，这些因素也会对我们的字体产生一些微小的影响。此外，我们对自己心理的控制以及手腕（如果是右撇子，就是右手腕；如果是左撇子，就是左手腕）的灵活性也会影响我们的字体。

针对以上提到的最后一点，我们可以做一些转动手腕的动作，使腕关节尽可能大幅度地进行环绕活动，就好比用手腕在空中画圈一样。

还有一些练习可以帮助我们改进自己的字体。尽管每个人的情况都有所不同，但这些训练还是可以对大部分人起作用的。

如何改进我们的字体

每个人都有独一无二的字体。随着少年时期的飞速成长，我们的字体也逐渐定型。尽管每个人的字体都有所不同，但它们在本质上都是被用来传递讯息的，对于写字者和读者来说，各种字体蕴含的意义是相同的。

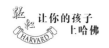
> 字体是我们个性和情绪状态的无意识体现。

文字是我们用来与他人进行书面交流的工具，是我们传递信息的载体。因此，尽管每个人的字体各不相同，但它们必须要能被人们辨识出来。

如果一个人写了 R 或 A，我们就不能说他写的是小写的 r 或 a，因为我们都知道，他写的是大写字母。一个人写的字不能只有自己认识，因为绝大部分时候我们写东西都是为了给别人看。

在社交中，一些文字的用法可能不符合常规，但依然有效，这是因为文字最重要的特点是其功能性。我们的目标是要传达想法和感觉，而文字是我们为达到这一目标所使用的工具，我们要确保其含义能被人们正确领会。

按这个顺序写作，会更好

除了字体，我们写作的顺序也会对文章表达产生影响。如果我们写出来的文章很有条理，那么其含义就能被人们更好地领会，我们的写作就会收获良好的成效，从而取得更好的成绩。

技巧其实很简单：

※ 在文章开头，用一句话概括出我们想要传达的最主要的信息，写出我们想让人们从文章中了解的核心内容。

※ 在第二段，写出第一条论据，之后可以添加一些例子或佐证数据。

※ 在第三段，写出第二条可以论证我们在文章开头所提出的观点的论据，之后也可以再添加一些例子或数据。

※ 如果还有论据，就继续写出来，但论据最好不要超过 3 条。如此一

来，我们已经写出 4 段内容了。然而，重要的不是我们列举的论据的数量，而是它们在情感上及逻辑上的准确性和说服力。如果论据有力，那只有一条也可以，当然，建议论据最多不要超过 3 条。

※ 在最后一段，我们重复第一段提出的论点，也就是我们想要传递的观点，用其结束我们的阐述和论证，不论是书面的还是口头的。尽可能使用与第一段不同的措辞和语言表达。

我们的表达不仅在考试中有重要作用；在我们的一生中，我们可以施加的影响，在很大程度上也取决于我们表达自己所思所想的能力。

提升写作能力的几点建议

※ 使用自己所了解的词汇。如果你知道某个多义词的准确用法，那么你可以使用它；但如果你不太清楚，那就使用一个你拿得准的词语。不要在乎遣词是否高明，使用词义清晰、能准确表意的词汇最重要。

※ 最好使用肯定句，而不要使用否定句。例如，"这一点是次要的"比"这一点并不重要"要更好。

※ 对于日常写作来说，每句话最好不要超过 25 个字。

※ 可以在微博上做不超过 140 字的写作练习。

※ 使用普通句型：主语 + 谓语 + 直接补语 + 其他补足成分。

※ 形容词和副词尽量靠近其修饰的内容。

※ 确保人们会理解文中代词的所指。

※ 把最重要的词语放在句首或句尾，这样更易引起人们的注意。例如，如果我们说"我们下午 4 点过来"，人们会首先注意到"我们过来"这一信息，其次才是"下午 4 点"。如果我们想要强调时间的话，最好说"下午 4 点我们过来"。

※ 最好使用主动句（"路易斯做完了作业"），少用被动句（"作业

被路易斯做完了"）。

　　※ 不要过多使用较长的副词，或太多并列的形容词。

　　※ 为使文章更有条理，以便人们更好地理解文章所要传达的内容，动笔之前，先在脑海中整理好各部分内容。

　　※ 在将不同内容连接起来时，我们可以使用"并且""却""但是""为了""尽管""因为""因此"等连词。但一定要明确，"但是"与"却"所表达的意思并不一样，"因为"与"因此"的含义也不相同。

　　※ 也应注意不要混淆"为此""所以""从而"。

　　※ 段落不要太长（超过 13 行），也不要太短（不到 3 行）。各个段落要能组成一个整体。

　　※ 最好将长短句交叉使用。在一个段落中，长句后最好跟一个短句，短句后再跟一个长句。

23. 更好地口头表达

准备工作

在准备材料时，我们可以借鉴上一章节中的"提升写作能力的几点建议"部分给出的建议，这些建议对于演讲材料的准备同样适用。

在做准备时，我们应让自己充满自信，抛开畏惧情绪。试着保持平静，给人留下良好印象。要表现得对话题了如指掌，对演讲准备充分。

最好列一个有关演讲的内容以及需要记忆的内容的提纲，并将其写在卡片上。在演讲过程中，可以按照提纲上的顺序进行陈述。

注意事项

※ 尽可能展现出自信。

※ 在开始演讲前闭上眼睛做几次深呼吸。

※ 按照记住的提纲内容开始演讲，不要执着于使用的语言，也不要去

考虑已经陈述的内容能否被理解。只要专注于提纲，继续进行演讲即可。

※ 演讲伊始的措辞非常重要。为慎重起见，可以背会这几句话。

※ 语调尽量抑扬顿挫，不要太过平淡。

※ 不要将手背在背后或是放在口袋里。除非在演讲时要来回走动，否则不要动来动去。

※ 如果可以，在演讲时注视听众的眼睛；如果由于太过紧张而无法做到这一点，就把视线放在听众的头与头之间。

※ 演讲内容至少包含一件个人逸事。

※ 在演讲结尾做简短总结，将最重要的内容概括其中。

第6章 考试：如何做得更好

"我不知道纳乔的问题是什么。在考试前一天我们一起进行了复习，他已经掌握了所有内容。可是在考试中，他有的题没有做，有的题又答得太过简短。他又没及格，那么多的努力又白费了。纳乔能学会考试吗？至少把他在考试前一天掌握了的内容答出来也好啊。"

玛尔塔，纳乔的母亲，她与自己的儿子一起学习中学三年级的课程。

她为自己不能陪伴儿子去参加考试并帮他解决问题而感到遗憾。

24. 考前准备与参加考试

原来，学生主要因为没有掌握知识而挂科，但他们依然会将自己知道的内容写在试卷上；而现在，学生主要因为没有将自己所掌握的内容全部写出来而挂科。

　　许多学生都不会考试。他们不会在考试中适当地表达，无法陈述出自己在课堂上理解了的或是已经掌握并记住的内容。

　　如果你在课堂上向一个对答案没把握的学生提问，他往往会说"我不知道"，而并不会努力把他知道的内容说出来。他真的什么都不知道吗？他会看着你，肯定地说："我什么都不知道。"他非常清楚你会因此给他打0分，但是他宁愿挂科，也不愿意因为答得不好而尴尬。

　　这样的问题，单凭努力学习是解决不了的，学生们还得学会考试。他们应该放松下来，让右脑也参与到思维活动中，更好地发挥创造力、想象力和直觉的作用。

由于考试技巧的缺失，我们长期以来的努力，经常会在考试中化为乌有。为使我们的努力收获应有的成效，我们应该掌握一定的考试必备技巧。

考试前的准备

> 我们的奋斗不在考试当天，我们的奋斗存在于考试到来前每一天的学习当中。

我们不应畏惧考试周，而应关注我们目前所处的星期，关注我们即将要面对的下午。如果你今天下午会努力学习，明天也是如此，那么当考试到来时，你一定能够通过。考试当天你并不需要采取什么特别行动，你努力了，并且掌握了知识，就能够考得好。

在考试前一天的下午，我们应该让大脑休息放松一下，不要去想太过复杂的内容。在体力上和脑力上都不要消耗太大。让记忆中的知识和内容沉淀一下，保持思维清晰，保证 8 小时的睡眠，这样我们的大脑才能在第二天的考试中更敏捷、更灵活地将各种知识联系在一起。考试前的 1 小时（或至少 30 分钟）给大脑补充一些糖（通过吃水果、喝含糖饮料、吃巧克力等方式直接补充），并尽可能呼吸新鲜空气，根据自身情况进行。

考场上，如何分配时间

在我们等待试题发到我们手中时，做 10 次深呼吸，让氧气到达大脑。

当我们拿到试卷后，不论题目是要纸笔作答还是口述作答，都尽量不要先把所有题目都看一遍。只专注于第一题即可，不要看剩下的题目。

　　告诉自己，我们有足够的时间来回答第一道题目。做过多规划，反而会降低我们的效率，不如充分利用现有时间，卸下压力，开始作答。

　　把与问题有关的卡片都聚集在我们的脑海中。如果有草稿纸，可以把相关卡片上的内容写在草稿纸上。如果我们没能在记忆内容中找到关于考试题目的答案，就找最接近于相关课题的内容，它通常也会是伪装起来的答案。即便我们答得不正确，写出一些内容也比空着问题不答强。这一点很重要，我们最好让答案占满答题空间。

　　当我们把记忆中与考试问题有关的提纲写在草稿纸上之后，就要开始淡定、平静地用尽可能多的词汇拓展提纲中的每一行内容了。要记住：把提纲中压缩的信息全部扩展开来。

　　我们不必着急，要从容地写好每一段、每一个字、每一句表述。如果结果都是挂科，那只答了一半题目，但是每一题都答得很好，要比答出所有题目，但是每一题都答得一般要好。长远来看，这是两种截然不同的情况。比起所有试题都答得不全面，我们只答一部分试题，但每道题都能得高分，对我们今后的考试会更有建设性的帮助。在后一种情况中，我们已经在逐步掌握考试技巧，到下一次考试时，只要加快速度，试着答出更多题目即可。而在前一种情况中，我们很难看到自己的进步，似乎总是在原地踏步，我们会因此而气馁、消极、学得更少，甚至自暴自弃，最终导致失败。

　　在答完第一题后，不需要再检查，开始看第二题。与之前一样，先不要看第三题。我们就这样作答，直到考试结束，或是我们答完所有题目。不要提前交卷。别着急，就算再紧张，只要试卷还在我们手中，我们就依然掌控着考试，就仍可以进一步完善答案，并提升成绩。

25. 考试的题目类型

主观题答题技巧

出于各种原因，尤其是考虑到阅卷的易操作性，现在的考试中客观题越来越多。但在各个学习阶段（尤其从中学三年级开始），我们依然需要面对一些主观题考试。这些题目要求学生展开长篇论述，其答案往往具有一定的开放性。

在主观题考试中，除了在之前的章节中谈到的问题，我们还应注意以下几点：

※ 要写自己确定的内容，哪怕只有很少；尽量避免写并不确定的内容。

※ 如果我们需要展开论述，在重复同一观点时，要注意使用不同的语言，可以适当插入一些例子和数据，并把一些有直接关联的观点联系起来。

※ 尽管可能有所遗漏，但重要的是，要把自己知道的内容表述好。

※ 要遵循我们之前给出的关于写作的相关建议，要注意：整洁度、页边距、行间距、字体、文章整体规划及条理性，都对试卷印象分有十分重要的影响。

客观题答题技巧

　　客观题分为判断对错、选择正确或错误选项、选择片段填充内容等几种形式。在客观题考试中，我们需要注意以下几点：

　　※ 仔细阅读题干。有时通过阅读题干，我们可以排除一些错误选项，这样我们更容易选出较为确定的答案。

　　※ 作答之前，至少阅读问题两次。

　　※ 在读过两遍问题之后，如果我们对答案不太确定，最好先看后面的题。先看一些其他内容，待大脑思路清晰后，再回头作答。

　　※ 尤其注意题目中的关键词。

　　※ 如果对某一题的答案不太确定，在进入下一题之前，可以先尝试使用排除法。尽管我们不确定选哪个选项，但如果把不可能的选项排除掉，那么剩下的就是正确答案了。如果我们用排除法也无法筛选出正确答案，那就还是按之前的方法，先看后面的题，之后再返回作答。

　　※ 在答完所有题目之后，如果有时间，可以进行检查。但是，如果我们并不确定之前的答案一定错误，就不要轻易做出改动，因为第一感觉总是要更准确一些。

26.考试过后

走出考场

考试已经结束，忘记考试结果。直到成绩出来，我们都不再需要考虑关于这次考试的任何问题。没必要和其他人对答案，因为这不仅无法改变我们的答案，还会造成我们的焦虑情绪，增加我们面对考试和测试时的挫败感和不确定感。

好好休息。考试已经结束了。

成绩出来之后

考试结果无非是两种：通过，或是挂科。如果我们通过了考试，这无疑是值得高兴的，这会为我们下一次的考试增添动力。但如果我们挂科了，我们也不应气馁，而应该重整旗鼓，继续努力，争取通过下一次考试。考试总是一场接着一场，这也就意味着，我们总会有新的机会去提升自己的成绩。

可能我们之前一无所获，但我们的收获早晚会到来。只要我们保持动力，不断改善，不断进步，那我们早晚会达到目标，收获理想的结果。

如果我们的成绩恰好在及格线上，得了5分或6分：非常好，这说明我们已经掌握了一定的学习技巧，我们只要抓住现在，继续改进就好了。

如果我们取得了7分或者7分以上的成绩，那就更好了：这说明我们已经将学习技巧融会贯通，我们不仅有学习动力，还掌握了学习方法。"如果一个人能做出1个篮子，那只要有足够的柳条和时间，他就能做出100个篮子"，这句谚语在学习中同样适用。

无论如何，我们都走在通往成功的路上。只要我们不放弃，就一定能够取得进步。

结　论

　　在本书中，我们一起回顾了一些影响学业成功的关键因素。如果能用书中给出的建议指导学习，那我们一定会取得优异的成绩。要记住，最重要的是，要从小事做起，从可行处、容易处开始努力。当我们一小步一小步地前进时，我们的动力越大、耐心越足、渴望越强，我们的成绩提升得就越快。我们需要和家人一起努力。

　　孩子之前的经历和问题并不重要，不管怎么说，他们可以从中吸取教训，学到东西。只要能够获得鼓励，找到动力，走上达到目标的正确道路，所有孩子都可以成为好学生。如果他们愿意，他们也都可以进入哈佛学习。而父母这时就只需惬意地坐在摇椅上，欣慰地看着自己的孩子圆满完成任务，逐渐达到目标，并为自己有如此优秀、独立、有能力的孩子而感到自豪。

　　如果你是学生，那你一定要坚信自己比看起来更聪明，更有能力，也更优秀。你只是还需要掌握合适的技巧，找到学习的动力。一旦你开始按照本书中指出的要点努力，那你一定能达到目标。你拥有足以让你在任何考试中取得优异成绩的非凡才能。你只要从明天一大早开始努力就好。

　　如果你是父母，那你一定要时刻记住，你的孩子比看上去更聪明，更有能力，也更优秀。你要确信，在你的帮助下，他一定能够在下一次考试中提升成绩。他现在已不是在旷野中毫无方向地奔跑了。尽管他曾为此付出过徒劳的努力，曾经迷失，也曾感到孤独，但他现在已经找到了方向，并准备就绪，你只需陪伴他走上跑道，看他在比赛中起跑即可。你的孩子是优秀的运动员，也是最好的孩子，你要充分相信他。一旦他起跑出发，你只要坐在摇椅上，自豪而欣慰地欣赏他完美的比赛就好了。

图书在版编目（CIP）数据

轻松让你的孩子上哈佛 ／（西）阿尔贝卡著；梁倩
如译. — 海口：南方出版社，2015.9
ISBN 978-7-5501-2659-6

Ⅰ．①轻… Ⅱ．①阿… ②梁… Ⅲ．①学习方法-家
庭教育 Ⅳ．①G791②G78

中国版本图书馆CIP数据核字(2015)第221912号

版权合同登记号：图字：30-2015-075

Fernando Alberca
TU HIJO A HARVARD y TÚ EN LA HAMACA
Rights Arranged by ESPASA LIBROS,S.L.U.
Simplified Chinese Translation copyright©2016,by Beijing Uni-wisdom International Newspaper
Publishing Co.Ltd.

轻松让你的孩子上哈佛

[西]费尔南多·阿尔贝卡/著 梁倩如/译

责任编辑： 师建华 孙宇婷
责任校对： 王田芳
版式设计： 吴 磊
出版发行： 南方出版社
地 址： 海南省海口市和平大道70号
电 话： （0898）66160822
传 真： （0898）66160830
经 销： 全国新华书店
印 刷： 三河市北燕印装有限公司
开 本： 690mm×960mm 1/16
字 数： 200千字
印 张： 15
版 次： 2016年1月第1版第1次印刷
印 数： 1—3000册
书 号： ISBN 978-7-5501-2659-6
定 价： 35.00元

新浪官方微博：http://weibo.com/digitaltimes